# 町議会

## 一般質問五十一

平成二十三（二〇一一）年〜令和五（二〇二三）年

昆　秀一
Kon Shuichi

風詠社

# はじめに

町議会議員となって十三年になる。その間休むことなく連続して五十一回一般質問で登壇して、重複するものもあるが実に百九十項目に及ぶ質問を考え行っている。

一般質問とは、議員個人が町の事務の執行状況や将来に対する考え方などの報告や説明を町長や教育長たちに求め、町が町民のための適切な町政運営を進めているかを議員がチェックするものだ。

毎年三月、六月、九月、十二月の一般質問前には事前に質問を準備するために、図書館に行ったり、インターネットなどで資料を集めたりする。

この十三年間で社会ではいろんなことが起き、私はそのたびに執行者側に質問をしてきた。時の流れは早く、あっと言う間の十三年であった。

そこで議員生活の一つの節目として今までの一般質問を振り返る意味で出版することを思い立った。今まで行った質問項目は多岐にわたるが、ここに著した質問は通告書を基にしたものであり、答弁は掲載していない。それから、その答弁をもとにした再質問・再々質問などもここに書き記されてはいないことをご理解願いたい。

一般質問は、私の議員活動の一端であり、他にも議会での質問や提案や議会外での活動などを行ってきていることもご承知いただきたい。

# 目次

**平成二十四（二〇一二）年**

**平成二十七（二〇一五）年**

**平成二十八（二〇一六）年**

**平成二十九（二〇一七）年**

## 平成三十（二〇一八）年

## 令和元（二〇一九）年

**令和二（二〇二〇）年**

## 令和三（二〇二一）年

**令和五（二〇二三）年**

装幀　2DAY

# 平成二十三（二〇一一）年

## 定例会六月会議

### NPOの活動支援について

日本一健康な町を目指している本町ですが、平成二十一年三月に作成の「矢巾町健康長寿のまちづくりプラン」において、健康長寿のまちづくりのために民間事業者の活動促進をはかりNPOの設立や運営を積極的に支援するとあります。

町民が今後地域に根ざして生活していくためにはNPOのような民間組織の協力が必要になってくると思われますが、NPOの設立はもとより運営を町が積極的に支援しているようには思われません。具体的にどのように積極的に支援しているのかその内容をお伺いします。

### さわやか号の運行について

平成十二年度から本格実施されている矢巾町循環バス「さわやか号」の運行に関し、

次の二点についてお伺いします。

①平成二十一年度までの実績を見ますと、一便あたりの平均乗車数は六人程度になっていて、毎年約四百～五百万円の赤字を出しています。

この現状からしますと、町民の足としての役割をさわやか号が担っているとは決して思われません。

今後どのような具体的な改善策を考えているのかお考えをお伺いします。

②赤字路線のさわやか号の代わりとして、一便平均六人程度の利用者数ならば乗り合いタクシーに切り替えるなど利用者のドアトゥドアの移送方法など、他のもっと利用しやすい移動手段にする考えはないのかお伺いします。

## 移動支援事業の利用について

屋外での移動が困難な障がい者に対して外出のため支援を行うとする町地域生活支援事業の中の移動支援事業は、利用者にも事業者にも分かりづらく利用しづらい事業に思われるが、町民や事業者への周知、利用増加促進のPRや説明などはどのようになっているのか。又、例えば通勤や通学などにも利用できるようにするなど、改善の努力はしているのかお伺いします。

大地震による原発の放射能漏れ事故について

三月の大地震による原発の放射能漏れ事故に関し、次の二点についてお伺いします。

①福島県周辺で農林水産省が定めた暫定基準値を超える放射性セシウムが検出されています。岩手県でも五月十三日、滝沢村で十一日に採取した牧草から、暫定基準値を超える放射性セシウムが検出されたと発表になりました。本町での放射能漏れによる事故の影響はいかがなっているのでしょうかお伺いします。

②今後、この放射能の影響が本町の農作物等にも現れる可能性があると思われるが、その対策はなされているのかお伺いします。

## 定例会九月会議

被災証明書発行について

東日本大震災における被災者支援のための被災証明書の発行を本町ではいち早く決定いたしました。

この被災証明書と本人確認できる書類を料金所で示せば東北六県全域の高速道・有料道路が無料になるそうですが、無料化以降東北の高速道路は渋滞がひどく事故も急増し、被災地への物流が遅れてしまうなどの問題が起きているということです。高速道路無料化は、大きな被害を受けた人の復興支援が趣旨のはずです。津波ですべてを流された方々と、数日の停電だけで復興支援の恩恵を受けられる本町の被災証明書発行は、本来の趣旨からはずれたものであるばかりでなく、その障害となっているのではないのか、その発行の経緯と今後見直すお考えはないのかをお伺いします。

## 福祉タクシー事業について

障がい者の方にとっての移動は大変な手間と労力がかかります。よって、外出がおっくうになってしまい家に閉じこもってしまうケースも少なくありません。本町では、そういう方々の社会参加の促進を事業開始の目的とした福祉タクシー事業があります。福祉タクシー事業とは、福祉タクシー助成券の利用要件を満たした申請者に対して年間最大五百八十円の券を二十四枚配布しています。これはどのような基準によって決められた金額かお伺いします。

昨年度の福祉タクシー事業の実績は、助成券の利用率が六五・五%となっています。これは昨年以前の実績が提出されていないので比較できませんが、せっかく配布されたものなのに、いろんな理由が考えられますが、私はこの程度の利用率では少ないと思います。この事業を利用者がもっと利用しやすいようにもっと分かりやすい説明が必要なのではないか。また、必要な方に対しては必要な額の助成券を配布したらどうか。配布の方法などを見直すお考えはないのかをお伺いします。

## 図書室について

本町は、岩手医科大学をはじめ大学・短大・高校などを抱え、学生も増加し今後岩手県中心部の学園都市としての発展が見込まれます。

そこで、町の教育文化の象徴のひとつが図書館であると考えられますが、本町には図書館もなく蔵書数四万冊弱の図書室があるだけです。学園都市としてはだいぶ物足りない気がしますし、今後学園都市の図書館として恥ずかしくないものにする必要があると思われます。長い目で見れば、いずれ図書館は必要になってくると思われますが、図書館建設が無理なのであれば、本町の特徴を生かした充実した図書室づくりを進めるべきだと考えます。今後どのような図書室にしようと考えているのかその指針等をお伺いします。

さわやか号運行について

前回定例会において、さわやか号の運行について見直したらいかがか、いくつかの改善の具体例を挙げて質問いたしましたが、現行の運行形態が最も適しているものと思われるので継続運行していくというお答えでありました。ですが、やはり私はこのエコの時代に空気を運ぶために燃料を浪費する方法は避けるべきだと考えます。そこで再度お伺いします。

せっかく運行するのであれば、今後利用者を増やす試みをするのが当然と思います。例えば、料金無料化、無料回数券の配布など、利用増の方策を再考すべきではないのか。それら努力をせず現行のまま運行を続けるのは怠慢であると考えますが、それでも改善するつもりはないのかお伺いします。

## 定例会十二月会議

特別支援教育について

特別支援教育は障がいのある子どもたちの自立や社会参加に向けた主体的な取り組みを支援するという視点に立ち、子ども一人一人の教育的ニーズを把握し、その持てる力を高め生活や学習上の困難を改善または克服するために適切な指導及び必要な支援を行うというものです。

　平成十九年から特別支援教育が学校教育法に位置づけられ約四年半、障害のある子どもたちの支援をさらに充実していくことになりました。本町の各学校においても特別支援教育の取り組みは進んでいると思われますが、その中でも子どもたちの保護者が心配なのは親しんだ先生が転勤などにより代わった場合の対応はどうなっているのか。また学校を卒業してからの進路についてなどがあります。これらの対応について、これまでの町内学校の特別支援教育での経過やその他の問題点などはなかったのかお伺いします。

## 子ども議会の開催について

　現代の若者は昔と比べておとなしくなったという声をよく耳にします。加えて若者の投票率の低下など政治に対しても関心が低いのが実態ではないか。これは若者自身の問題もあるかもしれませんが、教育に責任の一端があるのだと思います。「わたしたちの町　やはば」という小学校の社会科副読本がありますが、その中に議会のことが全く掲載されていません。したがって議会で何をやっているかということを子どもたちが知る機会もあまりありません。そのため子どもたちが議員の立場で町長に提案や質問をするなど授業の中で子ども議会を開催し興味を持てるようにしてはどうか。これらのことに関しての考えをお伺いいたします。

## 障害者スポーツについて

前回冬季パラリンピックに本町の町民が出場し、次回パラリンピックにおいても活躍が期待されています。しかし、出場には金銭面の問題があります。加えて障がい者にとって練習場所への移動手段や介助の者などの確保が必要になってきます。中でも、あまり知られていない障がい者スポーツの活動は周りの理解も少なく競技のために本気で練習に取り組んでいるにも関わらずレクリエーションと思われがちで活動がしづらいという話をお聞きします。今後このような障がい者スポーツの支援強化が必要と思われます。まずは実態を把握するなどして、障がい者スポーツの支援強化をはかってはどうか、そのお考えをお伺いいたします。

## 図書室の活性化について

読書は人間形成に大変重要ですが、大人が本に親しむ習慣が年々減っています。そこで、子どものうちから読書に親しむ習慣をつけることが大切だと思われます。町内においては学校をはじめ各所で読書活動の取り組みが盛んに行われていますが、それらの活動を町の図書室が包括していく必要があると思われます。

前回定例会の質疑において図書室運営委員会を設置して図書室運営の活性化をと要望しましたが、その後の図書室についての状況はどうなっているでしょうか。図書室活性化の提案として、図書室運営委員にぜひ若者を参加させるべきだと思います。蔵書については、ライトノベルや漫画なども読書のきっかけとしてよいのではないか。それから、各公民館に本棚を置き、皆さんの読まなくなった本を集めて簡易図書館にしてはどうか。他にも移動図書館の導入も考えてはどうでしょうか。このようなもっと町民が本に親しんでもらえるような状況を作る努力をするべきと思うが、そのお考えをお伺いいたします。

## 平成二十三（二〇一一）年の主な出来事

・東日本大震災が発生。
・地震と津波により東京電力福島第一原子力発電所事故が発生。
・菅首相が退陣。野田佳彦が民主党代表に選出され、野田内閣が発足。
・ＦＩＦＡ女子ワールドカップドイツ大会が開催され、なでしこジャパンが優勝。

・エジプトのムバラク政権が崩壊。また、リビア内線が発生し、カダフィ政権が崩壊。
・北朝鮮の最高指導者である金正日が死去。後継は三男の金正恩。

# 平成二十四（二〇一二）年

## 定例会三月会議

本町職員の接遇マナーについて

先日、本町の関係機関において職員の対応で大変不快な思いをされた町民がおりました。職員はみな行政サービスの提供者です。町役場は町内最大級のサービス機関でありますし、さらに行政サービスはあらゆる町民にとって平等に行われるべきです。そのサービス業としての評価を受ける上で、接遇は基礎の基礎となるものです。

そこで、本町の職員に対する接遇マナーについての指導・教育はどのように行われているのか。今までの町民からの苦情などはどのように受け付けて、どのように対応してきたのかをお伺いいたします。

本町のネット利用の状況について

本町の公式ホームページについては町内外の大勢の方がご覧になっていることと思います。しかし、誰にとっても使いやすいホームページになっているかは疑問の残るところです。さらに、高齢者でこのホームページをご覧になられている方は少ないのではないでしょうか。今後はこのホームページをよりいっそう多くの方に利活用していただくための工夫が必要ではないでしょうか。

そこで、例えば高齢者家庭の希望者にタブレットを配るなどインターネットをもっと利用しやすい環境を作るとか、購入に際しては補助をするとか、他にも出張講座を開催するなどの普及に向けての努力が必要と思います。他自治体の中ではＩＴ専門職員を新採用して普及に努めているところもあるようですが、本町においてはそのような専門職員を採用しているのか。また、ホームページ上で現在は放射能汚染測定結果を掲載しておりますが、他にも町長の接待費をリアルタイムで掲載するなどの町民に対しての情報開示の手段として今以上にネットを利活用するべきと思うが、そのお考えをお伺いいたします。

## エコマネーの導入について

エコマネーとはボランティア的要素の強いサービスや物を交換するのを助ける地域限定の通貨のことで、環境と地域を支える道具という意味で全国に広がり始めているようです。同じ地域限定では商工会などの商品券もありますが、それとは異なり特に流通に乗りにくい地域の助け合いを促進するのが目的となっています。地域において違いはありますが、介護保険外などの支援サービスの利用が増えているということです。本年四月の介護保険法改定においても在宅での介護を重要と捉え二十四時間対応型サービスも導入されるようです。しかも、介護保険料は値上げの一途をたどっています。そこで、インフォーマルの社会的資源の整備は地域限定での見守りなどが今後特に重要になってくることから、このエコマネーは有効であると考えますが、以上のことをどうお考えなのかお伺いいたします。

## 障がい者の社会的雇用制度について

障がい者の就労については、一般就労か工賃というわずかな賃金しか得られない福祉的就労しかないのが現状です。多くの障がい者が働いて自立した生活をしたいと願ってもできない状態です。そこで一般就労と福祉的就労の中間に位置する社会的雇用という障がい者を労働者として雇用し、公的資金により賃金補填を行い自立した生活ができるようにする制度を考えてはどうか。この制度は障がい者の職種開拓を行え、限られた財源を有効に使える制度であるばかりでなく特に優れた制度と考えるが、この制度を検証し取り入れてはどうか、そのお考えをお伺いいたします。

## 定例会六月会議

町所有の空きスペース等の利用について

ウエストヒルズ広宮沢の販売には苦戦しているようですが、他にも町所有で販売中の土地など空きスペースがあると思いますことから、以下について伺います。

①現在、町所有の空き地・空き施設など未利用の場所はどこにどのくらいあるのか。
②それらの今後の利用の計画はどのようになっているのか。
③有効利用するための利用方法などは、広く意見を聞き情報収集を行っているのか。
④今後どのような形で周知し、意見を取り入れて生かそうとしているのか。具体策を伺う。

## 通学路の整備について

全国的に登下校中に子どもが巻き込まれる交通事故が目立っています。事故を未然に防ぐには運転者に対する交通指導も重要でありますが、特に危険な通学路は早急に改善する必要があります。ある通学路は再三拡幅の要求をしているにもかかわらず、実現していないということを聞いています。児童・生徒の通学の流れはその年ごとに変わります。必要性が薄くなってから改善しても役に立たなくなってしまう可能性もあります。事故が起きてからでは遅いのです。早急に調査・改善をする考えはないのかを伺います。

## バリアフリーのまちづくりについて

昨年から矢幅駅東の区画整理がスタートしました。現在は駅からショッピングセンター等へのアクセスは道も狭く段差も多く、特に車いすの方などは通るのが困難です。本町は公共交通機関が未発達な箇所が多く特に交通弱者には住みづらいという声をよく耳にします。今後区画整理を進めるにおいてよりいっそうのバリアフリー化を進める必要があるように思います。駅までのアクセスと駅から他施設などの移動の問題や他まちづくりにおいてのバリアフリー化について、今後の区画整理にどのように取り入れていく意向なのかを伺います。

## 心のバリアフリーについて

先日、町内小学校の特別支援学級の児童がからかわれたり、いじめられたりということが起きていて、学校が全校児童に指導を考えているということを聞き及んでいます。子ども同士の喧嘩は大なり小なりあることであり、さほど気にすることではないかもしれません。しかし、今回の件は特別支援学級の児童だからということでいじめの対象になっているようです。このようなことを防ぐために子どものうちに徹底した心のバリアフリーの教育を行う必要があります。心のバリアとは、知識不足・認識のゆがみ・誤解・偏見・経験不足などが原因で対等に人格を尊重して付き合えなくしている壁のことをいいます。このような壁を作らないようにしっかりと心のバリアフリーの教育をしていかなければなりません。同時にすでに心のバリアを作ってしまっている大人たちに対しても改めてこの壁の解消が必要に思うが、今後心のバリアフリーを進める考えはないのか伺います。

## 子どもの医療費無料化について

医療費は年々増すばかりで、それに伴い国保税は値上げの一途をたどっています。ですが、それ以上子どもの医療費を無料化するには確かに多額の費用が必要になります。

に子どもの医療費を無料化する意義は、重症化する前に受診することで子どもの命を守れるということです。加えて医療費の抑制化にもつながるのではないか。少子化が進む昨今、未来ある子どもの命を守り、子育て支援の面からもせめて義務教育中の子どもの医療費を無料化すべきと考えるが、その見解を伺う。

## 定例会九月会議

### 高齢者福祉・介護保険事業について

本町の高齢者福祉・介護保険事業について伺う。

①先頃、第5期介護保険事業計画が策定されたが、この計画の基となる素案自体は誰がどのように作成したのか。

②この介護保険事業計画の策定にあたっては矢巾町介護保険事業計画策定委員会が策定を支援するとなっているが、実質的に策定したのはこの委員会なのか。また、この委員会の人選は誰がどのように行ったのか。

③計画策定にあたり対象者に対して行われたアンケートは回収率五三・二%と町内の高齢者全体に対しての約一割にしかならないが、その点をどう考えているのか。

また、アンケートの内容はどのようなものか。住民説明会の反応は。パブリックコメントに寄せられた意見はどのようなものだったか。
④町内に老人保健施設ほか特定施設に入居されている方は定員に対してどのくらいいるのか。
また、その待機者はどのくらいになるのか。今後の見通しはどう考えているのか。
⑤計画の中の介護サービス資源の状況に関して、事業者等はどのようにして把握したものか。また、事業者への支援体制は。
⑥介護の担い手である介護職員の労働条件の改善を含め人材確保対策を今後どのように進めようとしているのか。

## 障がい者福祉について

本町の障がい者福祉について伺う。
①第3期矢巾町障がい者プラン及び障がい福祉計画が策定されているが、この計画の策定には障がい者自立支援協議会を計画策定委員会とし、計画内容について審議したとありますが、プランを策定した委員会の人選はどのような考えから行ったか。
②計画の中で、身体障がい者の種別に視覚障がい者数が記載されていないがなぜか。

新設された同行援護の内容は。

また、ガイドヘルパーのボランティアは現在何名が活動しているのか。

他にも、これは全福祉サービスにいえることだが、サービス利用の促進の方法をもっと積極的にしてはどうか。
③計画の中で交流ふれあいの推進とあり、交流ふれあいの場の確保とありますが、今後どのように交流の場の拡充に努めていこうとしているのか具体的にお示しいただきたい。
④県立療育センター・支援学校が本町に移転してくるという計画は今後どのように進んでいくのか。
また、移転してきた場合の本町との連携体制はどのようにしていく考えなのか。

福祉行政について

本町の福祉行政について伺う。
①今後の急速な高齢化に対する財源不足をどのように対応するつもりなのか、その見通しを伺う。
②議会の教育民生常任委員会の役割をどのように捉え、認識しているのか。

③地域福祉についての行政の担うべき役割をどのように捉え、今後どのように対応していくつもりなのか、具体的施策を含めて伺う。

## 定例会十二月会議

### 少子化対策について

少子化は、地域社会に将来的に労働力の減少、経済面の影響、地域コミュニケーション機能の低下・弱体化を招くことが考えられます。また社会保障制度の維持や税財政の弱体化や公共サービスへの影響も考えられます。

少子化の原因としては、都市部への若者の流出、雇用の事情、未婚者の意識の変化や、景気の悪化による生活力の落ち込みなど様々挙げられます。

そこで、本町としてはこの少子化についてどのように考え、現在どのような対策を行っているのか。今後の取り組み等についての見解を伺います。

### 公共的施設のバリアフリー化について

岩手県では、平成二十年に「ひとにやさしいまちづくり条例」が施行されました。その中で第4条にて市町村の役割がうたわれていて、「市町村は自ら設置し又は管理する施設について、すべての人が安全かつ円滑に利用できるよう整備を推進するものとする」とあります。

本町の施設においては、公共的施設整備基準は全て満たされているのか。また満たしていたとしても、より以上に老若男女、身障者やあらゆる弱者などすべての人に対して安全に円滑に利用できるように、どのように努めているのか具体例を含めてその見解を伺います。

## 旧矢巾中学校跡の管理と今後について

平成二十三年の九月議会で矢巾中学校用備品一式を議決いたしました。新校舎にて新しい備品で生徒たちに学んでほしいという思いで可決いたしたと思っています。そして、現在新しい校舎とそれら備品で生徒たちが勉学等に励んでいることは大変喜ばしいことであります。

しかし反面、先日まで旧矢巾中学校校舎内には使い古しの備品たちが散乱したままになっていました。さらに、その備品のほとんどには「龍澤学館」という札が張り付けられていました。

現在のこれら備品管理はどのように行っているのか、今後についてはどのように管理を行っていくつもりなのかを伺います。

SNSの導入について

現在日本全国の行政の公式ホームページがフェイスブックに移行しているところが出てきています。海外においては、多くの自治体がフェイスブックに移行しているようです。

ソーシャルメディアは住民とのコミュニケーションをはかることができ、住民の声が迅速かつダイレクトに行政へ伝わる方法です。行政からの返答や対策も住民に目に見える形で更新されるものであり、大変役に立つと思われます。

今後インターネットで双方向のやり取りが行えるソーシャルメディアを取り入れていく考えはないのか、その見解を伺います。

平成二十四（二〇一二）年の主な出来事

・消費増税法が成立。

・衆院選で自公圧勝政権奪還。

・中国トップに習近平。
・米大統領にオバマ再選。
・ロンドン五輪で日本勢史上最多メダル。
・オスプレイ沖縄に配備。

# 平成二十五（二〇一三）年

## 定例会三月会議

体罰の実態と防止について

大阪の市立高校の事件を機に体罰が問題化しています。学校教育法で体罰は禁じられていますが、「愛のムチ」という表現もあるように体罰は昔からあったように思います。本来体罰は教育にはあってはならないものであるはずですし、今後体罰の根絶が強く求められるところです。県ではこのことを受け、児童・生徒及び保護者に「体罰に係る実態調査」を実施いたしましたが、本町の学校においての体罰の実態について伺う。また、今後体罰防止のための対策をどのように考えているのか。体罰を許さない学校づくりのためには、児童・生徒や保護者にガイドラインを示し議論の輪を広げていく必要があると思うが、その見解を伺う。

## 高齢者施設及び住宅の防火対策について

近年グループホーム等高齢者施設での火災でお年寄りが犠牲になる惨事が起きています。施設での火災の被害を大きくする要因の一つにスプリンクラーの未設置があります。スプリンクラーの設置は消防法では設置が義務づけられているのは二百七十五平方メートル以上で、それ未満は設置義務がありません。町内高齢者施設のスプリンクラー設置状況と夜間の人員体制はどうなっているのか伺う。また、二〇一一年の調査では、火災による死者のうち六十五歳以上の方は八百六十人で六割以上を占めます。高齢者の独り暮らしや高齢者夫婦二人暮らしも今後増加していくと思いますが、このような方々に対しての防火対策が今後一層必要と考えるが、その見解を伺う。

## クリーンエネルギー自動車の推進について

「矢巾町新エネルギービジョン」の重点プロジェクトにおいてクリーンエネルギー自動車の推進を掲げています。今やクリーンエネルギー自動車やエコカーなどの導入促進は当たり前のことのように思います。個別目標として公用車の更新時のクリーンエネルギー自動車導入率を平成三十二年度に一〇〇％に設定していますが、導入までの計画が見えてきません。公用車だけでなく町民や事業者に対してのクリーンエネルギー自動車の導入率を明らかにされたい。その上で、普及拡大のための導入補助制度の拡充やインフラ整備を行って推進すべきと考えるが、その見解を伺う。

## コミュニティ放送について

東日本大震災の時に停電等で防災無線が稼働しなかったことで被害が広がったところがあったようです。こういう時にラジオからの情報は大変有効な情報伝達手段になったということです。地域防災、災害時情報メディアとしてや地域を元気にするとして注目されているコミュニティ放送ですが、今後本町においても地域に根差した放送を行うコミュニティ放送の開設を推進していく考えはないのかを伺う。

### 若手町職員の育成について

昨今の不況の影響で就職において公務員人気が高いようですが、本町職員の来年度の採用状況を伺う。今後ますます少子高齢化が進んでいきます。今が何とかなっても将来の先行きが見えません。二十年三十年先の町の施策を今の若手職員が考えていかなければなりません。若手職員はまだ公務員的常識に完全に染まっていない世代であり、そういう常識にとらわれない考え方ができる人材が必要になってきます。現在若手職員の意見をどのように吸い上げ町政に生かしているのか。せっかく採用した有望な人材を旧態依然とした組織の論理に染めてしまってはもったいないと思います。将来の矢巾町のためにも若手職員の育成に今後もっと力を入れていくべきと考えるが、その見解を伺う。

## 定例会六月会議

### 介護人材の確保と育成について

今後の高齢化はまったなしです。介護者の負担は神輿型から現在の騎馬戦型、将来の肩車型になって負担は増すばかりですし、その分の金銭的負担も増していきます。しかし、介護保険制度からの要支援の見直しが検討されておりますし、介護に対しての状況は大変厳しいものになってきています。そこで、財政の問題もありますし、介護に携わる人材の確保・育成についての計画をしっかりと立てていかなければなりません。しかし、介護職は「3K」といわれていて、離職率も他業種に比べ高く、給料も低いといわれています。昨年度から介護職員処遇改善加算ができましたが、これは利用者負担を求めるものであり、実質的には介護職員の処遇が改善されるものではありません。事業所にとって人件費は大きな負担になります。しかし、これからの超高齢化社会においては、介護事業所やその職員は大変重要な役割を担うことになります。そこで今後これらの人材の確保・育成に対して現状をどこまで把握し分析しているのか。その何が問題で、それをどのように対処していくつもりなのか、その見解と具体策を伺う。

NPO法人に対しての更なる支援について

特定非営利活動促進法の施行が始まり十四年になります。現在全国のNPO法人数は約四万七千、岩手県では四百三十あります。当町では、八法人しかありませんし、三年前から増えていません。二年前の私の定例会の一般質問で伺ったNPOの活動支援については、第5期高齢者福祉計画・介護保険計画においてNPO法人に対する更なる支援策も検討しながら進めると答弁しています。ですが、その計画の中にNPO法人という言葉さえも見つけられませんでした。ということは、ＮＰＯ法人の支援については検討したが必要ないという結果に至ったのか。ただでさえＮＰＯ法人においては、山田町の問題などであまり印象がよくない中で、活動中のＮＰＯ法人は苦しい状況が続いています。もう少し町においてもＮＰＯ法人に対して積極的支援をして、活発化させることが住民の福祉に対しても役立つのではと考えるが、その点の見解について伺う。

## 矢巾町と矢巾町商工会の関わりについて

商工会とは、商工業者の経営支援や地域の活性化を図るための様々な活動を行っていて地域の事業者が業種に関わりなく会員となって、お互いの事業の発展のために総合的活動を行う団体で商工業の総合的改善発達を図るとともに、社会一般の福祉の増進に資することを目的として法律に基づき設立された特別認可法人ということです。

そこで、以下について伺う。

①本町においては町商工会に対して商工業振興対策費として一千三百八十七万円ほか計約一千六百万円を補助しています。このお金がどのように利用されているのかの検証は行われているのかを伺う。

②商工会への町内業者加入率が五〇％を切っているということを聞いたことがあります

が、現在の加入率はどのくらいなのか町で把握しているのか。半分程度であれば、その一部の団体に対してだけの補助は不平等ではないのか。
③商工会に属さない業者に対しての支援や補助はどのように行っているのか。
④商工会では、矢幅駅前の新商業集積構想の素案を作成していますが、商工会ばかりでなく町民からの声をもっとたくさん聞くべきと考えるが、その見解を伺う。

## 定例会九月会議

障がい者等への支援の充実について

本年四月から「障害者総合支援法」が段階的に施行されています。「障害者総合支援法」は、地域社会における共生の実現に向けて障害福祉サービスの充実など障がい者の日常生活及び社会生活を総合的に支援するため、新たな障害福祉施策を講じることを趣旨としています。サービスは、自立支援給付と地域生活支援事業の二つの大きな柱があり、主な自立支援給付となるものに難病等が加えられ、ケアホームのグループホームへの一元化、成年後見制度の利用促進及び意思疎通支援の強化などが挙げられます。市町村地域生活支援事業には必須事業があり、その一つに地域活動支援センターの機能を充実化させるとありますが、地域の実情に応じて創作活動や生産活動の機会の提供、社会との交流等の便宜を供給する施設が地域活動支援センターです。本町の実情に応じた施設とはどのようなものと考えているのか。また、障がい者等への支援の充実に向けての本町の全般的な取り組みの考えについて伺う。

## ボランティア体制の強化について

今回の八月九日の大雨による被害に対しての復旧や超高齢化社会の中で地域の福祉などにボランティアなど市民活動の果たす役割は重要であり、今後も期待されるところであります。このような地域中心の活動から国際的な活動までボランティアの活動の内容や形態領域は多様になってきています。活動の分野も福祉に限らず教育、医療・保健、環境保護、リサイクル、国際交流、海外支援、文化活動などいろいろな分野に広がってきています。また、東日本大震災による被害に対しての全国から集まったボランティアの活動も風化させてはならないと思います。本町においては町社会福祉協議会が中心になって今回の大雨の復旧作業のボランティアを募っていますが、まだまだ不足しているのが現状であると聞きます。何かボランティア活動をしたいが、何をどうしたらいいのかわからないという方はたくさんいるのではないでしょうか。活動の拠点作りや情報を発信するなどを社会福祉協議会にお願いするのは負担が大きいと思われます。今後ボランティア活動支援していく意味からも、よりいっそうの取り組みが必要と思われるが、本町の取り組みとその見解を伺う。

## 教育委員会のあり方について

教育委員会の役割は、学校やスポーツ施設・文化財の保護、社会教育など多岐にわたります。現在、教育委員は五人ですが、この五人でこのような事案についてどのように会が行われ話し合われているのか。その中身は町民にはよくわかっていません。教育長は教育委員会の事務局長としての職責を束ねる常勤の教育委員でありますが、ほか四人の教育委員は非常勤です。まずお伺いしたいのですが、教育委員の会議はどのくらい行われ、どのような内容になっているのか。議題の提案には解決策の原案が示されるのが他教育委員会では普通であると聞きますが、本町の教育委員の会議においても事務局が整理した議題や問題点の解説を聞いて事務局が考えた解決策をめぐっての論議となっているのか。昨今このような事務局の主導であることにより教育委員会の形骸化がいわれていますが、もう少し教育委員の活動や会議の内容を町民にもわかるようにできないものか。特に住民の代表である議員に対しても教育行政をチェックしていく意味からもその情報を公開できないものか伺う。

## 定例会十二月会議

できるだけ要介護にならない健康な心身づくりについて

厚生労働省は介護予防給付を全廃し、市町村の地域支援事業に移行するとしています。ただコストを下げるために地域支援事業としても、介護の担い手となる人材を育成しなければ何も変わることはないでしょう。

現在高齢者がどういう生活を送れば健康な一生を全うできるのかという研究が様々な方面からなされています。これらの研究結果から加齢変化は必ずしもマイナス面ばかりでなく、過ごし方によっては生涯の終わりまで自立した生活が送れる可能性があることがわかってきています。

相互扶助やボランティア活動、家事などできることは社会的にも有意義であり、病気に対する抵抗力があることです。今後も元気な高齢者の労働力を活用すべきです。介護にならないためには、よりよい食事の仕方が大変重要であり、よく噛んで食べることや交流の場としての食事などをより一層推進すべきです。運動においても、特に転倒に注意し安全に運動できる場の確保が必要です。

これらできるだけ要介護にならない健康な心身づくりにおいて、今後地域支援事業に移行後、町としてどのように介護予防に対して取り組みを進めていこうと考えているのか伺う。

## 障害福祉サービスの行動援護の理解と推進について

知的障害又は精神障害により行動上著しい困難を有する障害者であって常時介護を要するものにつき当該障害者が行動する際に生じ得る危険を回避するための必要な援護、外出時における移動中の介護その他の厚生労働省令で定める便宜を供与することを行動援護と規定しています。人は生まれ、育ち、大人になり、地域民として自分の暮らしを展開していきます。その際に必要十分な生活基盤が損なわれたり、ライフステージに応じて必要となる社会集団に参加・参画していくならば、各種サービスにアクセスでき、不足する社会資源を適切に掘り起こす必要があります。

行動援護とは外出支援ですが、保護者の都合でもなく、事業者の都合でもなく、利用者中心の支援を地域社会の中で実現していくことが行動援護の大きな役割です。

個別支援計画の中の行動援護の位置付け、行動援護を行う事業者や職員への支援、今後の取り組みや周知、理解の深め方や利用推進についてどのように町として考えているのか伺う。

## 移動・送迎支援に対しての周知等について

移動・送迎サービスは、何らかの制約によって一般の公共機関の利用が困難もしくは不可能である高齢者・障がいのある人といった方々に対して提供される外出支援サービスのことです。

移動・送迎支援に対しては各種サービスがあり非常に分かりにくいのが現状です。専門家でも理解している人は少ないといえます。そこで、もう少し分かりやすく利用者に示すべきではないか。

例えば、その中の一つに市町村やＮＰＯ法人などによる自家用有償旅客運送という輸送方法があります。このような大変有効だと思えるものを検証し利用してもらえるようにしてはどうか。他にも現在障がい者自身の活動でランプアップといってお店などにスロープを寄贈してバリアフリーに取り組んでいる方がいます。

誰もがいつでもどこへでも自分の意志で移動できる公平な社会システムの創造を目指すべきと考えるが町としての所感を伺う。

平成二十五（二〇一三）年の主な出来事

・八月九日大雨で矢巾町内にも甚大な被害。
・東証と大証が合併。株式会社日本取引所グループが発足。
・ＮＨＫ連続テレビ小説「あまちゃん」がブームに。
・公職選挙法の改正で、インターネット選挙運動が解禁。
・「和食　日本人の伝統的な食文化」が無形文化遺産に登録。
・猪瀬都知事が五千万円受領問題で辞任。

## 平成二十六（二〇一四）年

### 定例会三月会議

学校教育でのＩＣＴ活用は

インターネットを通じて授業を受ける「ｅラーニング」や情報機器の導入など、教育へのＩＣＴの活用が盛んになってきています。

今春には全国に先駆けて佐賀県において一人に一台のタブレットを導入するそうです。今後ＩＣＴを活用しての教育の進め方はますます増えてくると思われることから、以下伺う。

①現在の本町の小中学校でのＩＣＴ化の状況はどうなっているのか。

②今後、ＩＣＴを活用するために一人一台のタブレットの導入を検討しては。

③ＩＣＴを活用することにより反転授業を取り入れることは学習する上で大変有効と思われるが、どう考えるか。

④いずれ近い将来はＩＣＴの活用が当たり前になることから早期にＩＣＴを教育に導入すべきと考えるがどうか。

⑤ＩＣＴ導入には教師が指導するための研修等も必要になってくるが、教師による指導のための研修等は行われているのか。また、教師のＩＣＴに対しての考えはどう把握しているのか。

⑥ＩＣＴ導入には費用もかかることから、まず費用対効果も含めモデル事業として始めるなどの検討をしてはどうか。

## 特別な支援の必要な児童・生徒への教育の更なる充実を

特別支援教育では、子どもたち一人ひとりの教育的ニーズの把握と、生活や学習上の困難の改善のために適切な指導及び支援が必要とされています。平成十九年度に特別支援教育の体制が整えられて以来、特別支援教育の現場での対応は課題もあると思われることから、以下伺う。

①現在の本町の特別支援学校に通学する児童・生徒数、特別支援学級の児童・生徒数、学級数、教職員数とそれらの過去五年の数と今後の数の見通しは。

②特別支援学級の児童・生徒に対する個別指導計画・個別支援計画の作成は必要不可欠であるが、どのような状況であるか。

③障がいのある子どももない子どもも共に学ぶというインクルージョンについての考えは本町の学校ではどのように反映されているのか。

④ある学校のアンケートによると、特別支援教育の充実に努めるというところを、あまりできていないと回答している教員がいたようだが、そこの課題については学校・教育委員会ではどう分析し今後どう充実に努めようとしているのか。

⑤子どもたちは学校だけでなく地域においても学ぶことも多いです。そのためにも地域を含めた障がいへの理解も必要であることから今後の地域の共生のために行政として

は何をしていくべきと考えるのか。
⑥今後は県の療育センター・支援学校・岩手医大附属病院も本町に移転してくることから、どのようにそれらと連携を取り、特別支援教育などを含めて町づくりに役立てていくつもりなのか。
⑦教育行政方針にあった「ことばの通級指導」を一部巡回指導も実施してまいりますとあったが、どのような形で実施するのか。

## 定例会六月会議

### 住民参加型の行政に

行政は常に住民の意思に基づいて政策決定していかなければなりません。住民参加の中でも計画策定は一般的なものですが、他にもあらゆる分野で住民に直接参加してもらうことが必要だと思われることから以下伺います。
①自治体にとって予算は非常に重要なものですが、住民に対して決まった予算は示されても予算案の編成過程はほとんど知らされていません。予算案の編成方針から要求書の作成・提出に予算の査定の方法などの予算が決まるまでの透明性が必要と考えます

が、予算が決められるまでの議事録などの他、概要を誰にでも理解できるようわかりやすく説明していただきたい。その中で住民の意見はどこで集められ、どう生かされるのか。

②今後のあらゆる町の計画にも住民が参加すべきだと思うのですが、一例として次期町総合計画の策定の過程はどのような予定になっているのか。そこでも町民の意見はどのように取り入れられ、反映される予定なのか。

③他にもパブリックコメントやアンケートなどはどのような場合に実施するのか。

## 教育委員会制度の見直しは

教育は大変重要なテーマですが、今なぜ教育委員会制度の見直しが進んでいるかを理解している方は多くはありません。ですが、今後の教育がどこへ向かっていくのかは皆が注目しているところです。そこで、本町の教育委員会は現在行われている教育改革をどう考え、今後どうしていこうとしているのか以下伺います。

①首長の権限を強めた場合の教育への影響はどう考えているのか。

②「総合教育会議」の位置付けをどう考えているのか。

③教育長と教育委員長を一本化した場合の影響をどのように考えているのか。

④首長が「総合教育会議」で教育振興施策の「大綱」を決めた場合の役割と効果はどう考えているのか。
⑤教育委員を公募制にして選び、教育への住民の意識をより高めることはできないか。
⑥他にも今回の教育委員会制度の見直しについて町長・教育長はどのように考えているのか。

## 介護制度改革でどうなるのか

「地域医療・介護推進法案」が六月に成立する見通しで、来年四月以降介護改革が順次行われる予定であります。今後増加する高齢者に対して費用を抑えるのが狙いであると思われますが、直接の対象者である方々は大変不安に感じているのだと思われるところから以下伺います。

①要支援者向けのサービスの一部が町事業に移ることになりそうですが、具体的に介護予防訪問介護・介護予防通所介護を中心に利用している要支援2の方で支給限度基準額いっぱいで利用している方は利用料負担も含め、制度改革された場合にサービス等はどう変わってくるのか。
②制度改革後は要支援者へのサービスの担い手をボランティアにしてもらうということ

のようですが、町内でどれだけの方がボランティアとして担い手になるのか。その見通しはどうか。

③現在本町の要支援者が利用している訪問・通所介護を行っている事業所への介護保険請求額は地域支援事業になった場合にどう変わっていくと概算しているのか。

④現在も地域支援事業は近隣自治体との格差があるようですが、要支援者の一部サービスが地域支援事業となった場合の地域の格差はどうするのか。ある程度のガイドラインが出ると思うが、広域でも話し合われることになるのか。

## 定例会九月会議

ろう者の生活しやすい町に

大多数の人は声を出し、それを耳で聞くことによってコミュニケーションをとっています。ろう者は音声言語の獲得が困難なことが多く主に視覚機能を利用した言語である手話によって生活している方がいます。そこでろう者の言語である手話を音声言語と同じように生活のあらゆる場面で使えるようにするために以下伺う。

①手話のより一層の普及を図るための必要性をどう考えるか。

②手話言語法の制定に対しての町の所見を伺う。
③学校教育において児童・生徒がろう及び手話に対する理解を深めるようにすべきと考えるがどうか。
④ろう者ほか障がい者がより良い暮らしをするために本町として家庭・学校・職場・地域の人間関係を築く環境整備をもっとすべきではないか。
⑤今後、町独自の施策として手話を言語として使えるように条例化を目指してはどうか。

## 視覚障がい者への理解と同行援護の利用促進で支援を

視覚障がい者とひと口に言っても全盲の方から弱視の方、先天性、中途失明者と千差万別の個人差があります。まず、その方々の心を理解することが必要です。そこから、その障がいに対しての支援が見えてきます。同行援護というのは、視覚障がいにより移動に著しい困難を有する人に移動に必要な情報提供（代筆・代読を含む）、移動の援護等の外出支援を行うものです。そこで、視覚障がい者がより過ごしやすくなるために以下伺う。
①現在の同行援護の利用状況と利用促進のためにどのような情報提供を行っているのか。
②まずは、町職員や学校においても定期的に障がい者の疑似体験などの講習を行い、障

がい者の理解を深める役に立つようにしてはどうか。
③役場庁舎や付近の点字ブロックの不備を指摘してきたが、どうなっているのか。
④視覚障がい者への情報伝達などはどう行っているのか。また災害時の対策はどのようになっているのか。
⑤同行援護を行うにあたっては特に情報提供が重要である。このようなことを理解した同行援護を行える人材の育成がもっと必要に思うが、今後人材の育成を進めるべきではないか。

## 第4期障がい者プラン及び障害福祉計画策定について

平成二十七年度よりの第4期障がい者プラン及び障がい者福祉計画が策定されることになっています。すでにアンケート調査も終了していることから福祉計画について以下伺う。
①アンケート調査の回収率はどうなっているか。
②今回のアンケートの特徴的なところはあるか。時代の流れ等で第3期計画と変わったところは出てきていないのか。
③アンケートの分析については誰がどのように行うのか。それらをどうプランに反映さ

せるのか。
④今後の計画の策定日程はどうなっているのか。
⑤第３期計画に対しての評価はどう捉えているのか。
⑥上位計画である次期総合計画との整合性はどうとっていくのか。
⑦個別支援計画の策定状況は現在どうなっているのか。
⑧社会資源充実のための計画はどう考えているのか。
⑨県療育センター・支援学校との連携についてはどう考えるのか。
⑩発達障がいに対しての支援の取り組みはどうなっているのか。

## 定例会十二月会議

町における宣言制定の意義

矢巾町では、現在「非核平和の町宣言」「矢巾町福祉のまち宣言」「矢巾町健康長寿のまち宣言」の三つの宣言が告示・制定されています。自治体における宣言は、その自治体がその問題にどのように取り組もうとしているのかを対外的に示しているものですし、自治体としての自己の意思や主張、方針を内外に表明するものでもあります。法的な拘束力はなく制定にも議決が必要なものでもありません。効果としては自治体が重視している地域の課題を表現するとともに、そのことに対して積極的に取り組もうとしていることを内外に示すことが挙げられるようです。この自治体の宣言には流行があるようで似たような時期に似たようなテーマを持った宣言が立て続けに各自治体で登場する傾向があるようです。本町の宣言は三つともすべてがそのような流行によるものであるようです。本町独自の宣言が出てこないのは本町自体のオリジナリティーがないところに起因しているのではないでしょうか。よって今後町づくりの方針である真の意味での「宣言」制定を目ざすべきではないのか、その考えを伺う。

## 若い世代の投票率向上を

衆議院が解散し選挙が行われます。今回は国政選挙ですが、来年には統一地方選も行われる予定です。そこで、投票率が問題になってきます。昨今特に若年層の投票率の低下が目立ってきています。これにはいくつかの理由があるのだと思います。まず、国でも町でも今の政治に対して興味が持てないから投票に行かないのだということです。これは私たちが努力していかなければならないと思います。他にも、選挙に行く意味がないし、どうせ自分一人が投票しなくても影響ないだろうということです。こういう人たちに対して「明るい選挙推進協会」の方々が頑張って活動されて投票率向上に努めています。しかし、なかなか若年層の投票率が向上しないのが現状です。そこで、小中学校のうちから政治に対して興味を持てる教育をしていく必要があると思いますが、教育委員会としてどう考えているのか伺う。また、選挙権の引き下げも必要かと思います。住民投票についてでは、公職選挙法によらずに自治体が条例で定めることができます。まず、住民投票条例を制定して十八歳にも投票権を与えて、政治意識を高めるようにしてはどうか。その点も含めて投票率向上についての考えを伺う。

## 障がい者支援のあり方について

障がい者支援の第一歩はまず障がい者に対しての理解から始まります。そのために障がい者へ興味を持ってもらうこと。そこから必要な支援をしていくことになります。行政はそのためにどうしても自らの力や家族などではできないことを支援していくものです。そこを小まめに障がい者などから声を聞いて支援と結び付けていくことが必要です。これは障がい者だけではなく何にでもいえることですが、福祉行政に関しては特に人々の声に耳を傾けることが必要です。そして、何よりその人の身になって行動できるかにあるのではないでしょうか。なかなか難しいことではありますが、基本は困っている人を支援したいという気持ちになれるかだと思います。そのために本町としては何を目指して、どのような理念のもとに障がい者支援にあたっているのか、その考えを伺う。また、その支援の基本を形成していくためには教育が特に重要であることから、本町の障がい者支援のあり方についての教育委員会としての考えを伺う。

**平成二十六（二〇一四）年の主な出来事**

・解釈改憲で集団的自衛権容認。
・消費税が五％から八％に増税。
・小惑星探査機「はやぶさ2」を打ち上げ。
・リニア中央新幹線が着工。
・ソチオリンピック（第二十二回冬季オリンピック）開催。
・ＦＩＦＡワールドカップブラジル大会開催。

# 平成二十七（二〇一五）年

## 定例会三月会議

### 夢と希望に満ちた笑顔あふれる矢巾町らしい町づくりを

第6次矢巾町総合計画もいよいよ来年度が仕上げの年となります。その検証も、もちろんしていかなければなりませんし、第7次総合計画の策定も進んでいることと思われます。この計画については議会も一緒になってよりよい計画にするために頑張っていかなければならないという思いを強くしているところであります。6次総の基本理念では、「みんなでつくる　うるおい豊かに躍進するまち　やはば」と掲げています。確かにこの理念は、素晴らしい基本理念だと思います。この基本理念をよりわかりやすくいうと、どうなるでしょう。「うるおい豊か」とは何か。「うるおい」とは、ゆとりであり、それは笑いやユーモアと結びついてくるのではないかと思いますし、笑顔あふれるためには、夢と希望を持てることが大変大事になってくると思います。そこで、7次総を含め今後の矢巾町の町づくりに対して、笑顔あふれるために数多くアイデアを出し、夢と希望に満ちた町にするための方策を導き出す必要があると考えますが、町としての見解を伺います。

## 発達障がい児・者への支援体制は

平成二十七年度から二十九年度までの第4期矢巾町障がい者プラン・障がい福祉計画が策定されています。この内容については特に議会に対しての説明はありません。この計画に対して本来であれば、細かいところまで説明いただきたいところではありますが、今回は発達障がいについて伺います。「発達障害者支援法」が施行されてから十年、学校教育においては特別支援教育が充実されてきているところです。発達障がい児・者数については成人期までを含めて調査資料がないことから、正確な人数の把握ができていないのが現状であるということです。人数の把握に関しては困難を伴うかもしれませんが、そこから実態が少しは浮かび上がってきて、いろんな意見が採取できるのではないでしょうか。特にも大事なことは、そのような障がいを持っている方への対応を間違うと、不登校や引きこもりや非行などの二次的な障がいを引き起こし、問題をさらに深刻化させることも考えられます。そのようなことが起こらないようにするために発達障がい児・者についての町としての課題をどう認識しているのか伺います。

## 矢巾町高齢者福祉計画・第6期介護保険事業計画に関して

矢巾町の高齢者福祉計画及び第6期介護保険事業計画の策定がされています。さらに、平成二十七年度は介護報酬の改定が行われます。この介護報酬の改定には改定率が二・二七%と過去最大規模の削減が盛り込まれています。町の高齢者福祉計画及び第6期介護保険事業計画においては、今回の報酬改定で介護職員に対しての処遇改善加算があるものの、依然として今後の介護人材の確保が課題としてあります。他にも一人暮らしや高齢者世帯の増加も見込まれます。そのような中で地域での役割もより重要になってくると思われます。この他にも今後のこれらの計画に関しては心配に思っている町民もたくさんいます。先日、行われた計画の説明会では、そういう方々の意見が寄せられていました。他にも意見を言えない町民もいるはずです。そういう方々に対して、このような計画を持って町としては事に当たっていますよと示すのが計画です。そのために、まずは第5期の計画に対しての検証をどのように行ったのか。さらに、上位計画である6次総・7次総との整合性をどう取っているのか。本計画に対する町としての考え方を伺います。

# 定例会六月会議

## 新しく町のかじ取りを担うにあたっての新町長の考えは

　新しく町のかじ取りを担う高橋町長には、町民からの期待が大きいと思う。ですが、皆が諸手を挙げて喜んでいるわけでもないと思います。今回の町長選挙の高橋町長の獲得票は有権者全体の四三％と半数には至っていません。確かに有権者の半数近くの票を得たことは素晴らしいと思いますが、逆にいえば半数はあまり期待していないともいえるかもしれません。これは毎回下がる投票率の問題もありますが、いずれこの半数以上の有権者に対しても、しっかりとした手腕を見せていただきたいと思いますし、期待しております。さて、町長の選挙時の公約は十三項目からなっていました。どれも大変重要な政策ですが、まず本年度作成される第７次総合計画の基本計画と町長の公約との整合性をどう取っていこうとしているのか。そして、これもまた本年度中に策定を国から求められている地方版総合戦略をどう進めていくつもりなのか。加えて、平成三十一年度と、あと四年後に迫った岩手医大附属病院の開院の受け入れに関しては、どのように対応していこうとしているのかをお伺いいたします。

## 若い人材の育成をいかに

これからの矢巾町の将来を担うのは、若い世代の方たちです。今後、特にその将来を担う若い世代の育成が必要になってきます。その役割として教育は大変重要です。さらに、少子化により子どもの数自体が減っていますし、都会へと流出して、そこで定住したままになってしまうことも多くなっています。そこで、若い世代が住みたいと思える町づくりをしていくことも必要です。まずは、教育においては、学校で地域のことを学ぶにはどのようにしているのか。そして、地方自治に関しての教育はどのように行われているのか。今後、選挙権が十八歳となった場合のために政治の問題はしっかりと教育していかなければなりません。そのために、以前にもご提言を申し上げた子ども議会をぜひとも町として開催していただきたいと思うのですが、いかがでしょうか。そして、町長の役割の一つとして次世代のリーダーを育成してほしいと思うのですが、その点に関しての町長のお考えをお伺いいたします。

## 情報公開の重要性に関して

近年、行政の情報公開が進んでいます。本町においては、平成十二年度より行政情報公開条例が施行されていて、公正で開かれた町政を推進するために町が作成したり、取得した行政情報を公開しています。情報制度ができてから今までの公開状況はどうなっているのか。今まで前町長時代には求めなければなかなか情報が出てこなかったと感じました。今後はできれば必要だと思われるものは、あらかじめ求めなくても情報が出てくるようにしていただきたい。情報公開度によって、その町がどのくらい開かれているのかを計れるものです。情報は役場のものではありません。町民のものです。町民が欲しい情報があっても、文書などを特定できないことから、どのような文書があるのかを知らないため、行政はできる限り町民の意図をくんで公開する努力をしてほしいと思います。町民にとってクリアしなければならないハードルが多い自治体ほど、自治体の質が悪いと判断されるものです。それが端的に表れるのが情報公開のレベルです。しっかりと職員研修などで周知することが不可欠と考えますが、そのような研修はどのように行われているのかをお伺いいたします。

## 定例会九月会議

### いじめ自殺問題に関して

今回のいじめ自殺問題に関しては、マスコミ等において各種の報道がなされています。

ですが、その中で何が真実であるのかは、これから第三者委員会による、より詳細な調査で明らかにされることと思われます。

まだ、そのような段階であるにも関わらず、町内外ではいろんな噂が流れています。

まずは、今までの経緯を含めて現段階の事実に対しての、しっかりとした説明を早期にしていくことが必要と感じるのですが、今後町民全体に対しての説明を町としてどのように果たしていくつもりなのか。

ほか、今回の件についての町長・教育委員長の所感を伺います。

障がい者支援について

先日、障がい者相談支援の研修を受講してきました。

岩手県内から多くの方が集まって、皆が熱心に学んでいましたし、私自身もしっかりと障がい者に対しての課題や支援の方法などに関して学んでまいりました。

現在、町内で障がい者が相談できるところは何か所かあり、町民の相談に日々忙しく相談支援員の方が走り回っています。

町長は難病の方たちなど障がい者支援についてては、まずは相談の充実を言っておられますが、私はそれにはまず相談支援員の育成が急務であると捉えています。

町長の障がい者支援の具体的な考えについて伺います。

## 定例会十二月会議

### 介護予防対策

介護予防対策について、年々要介護者の数は増え続けている。それに伴い、財政の負担も重くなっている。介護報酬の引き下げや介護予防・日常生活支援総合事業なども始まる中、町として今後これらの問題にどのように対応して介護予防に取り組んでいくつもりなのか、その考えを示せ。

### いじめのない町づくり

いじめのない町づくりについて、七月に町内中学校の生徒が自殺して、現在、第三者委員会がその調査をしている最中である。調査についてはその第三者委員会に委ねるとしても、町としてのいじめの防止策は考えていく必要がある。現在の学校の状況と新たに設けられたいじめ防止策等があれば示せ。加えて、学校ばかりではなく町ぐるみの対策も必要であり、なかでもインターネットによるいじめ対策をどのようにしていくのかが課題である。町としてのインターネットによるいじめへの対策の考えを示せ。

「障害者差別解消法」の取り組み

「障害者差別解消法」の取り組みについて、来年四月より障がいを理由とする差別の解消の推進に関する法律として、「障害者差別解消法」が施行される。この法律では「不当な差別的取扱い」と「合理的配慮をしないこと」が差別になるとしている。本町として、この法律をどう解釈し、これからどのように対応していくつもりなのか、その考えを示せ。

平成二十七（二〇一五）年の主な出来事

・矢巾町内でいじめによる中学生の自殺が発生。
・安全保障関連法が成立。
・COP21でパリ協定採択。
・ISが邦人人質殺害。
・TPP交渉が大筋合意。
・辺野古移設、国が着工。

# 平成二十八（二〇一六）年

## 定例会三月会議

### インクルーシブ教育について

インクルーシブ教育について、今後本町には特別支援学校が移転してくる予定です。合わせて、医大附属病院・療育センターなども本町に移転してくるところから、本町が岩手県の障がい者の拠点となっていくことが考えられます。その準備として町民全体としても心のバリアフリーをしていく必要があります。心のバリアフリーは一夜にしてできるものではありません。しっかりとした教育の上で成り立つものです。そこで、障がい児への教育ばかりではなく、健常者との相互の関わりから学ぶインクルーシブ教育が非常に重要になってくると思われます。このインクルーシブ教育に対しての教育委員会としての認識と推進をどう考えるのか示せ。

また、総合教育会議としての町長の特別支援教育についての考えを示せ。

## ＩＣＴ化の推進について

ＩＣＴ化の推進について、現在議会ではタブレット導入を進めようとしています。以前、庁舎内でのペーパーレス化を提言したことがありますし、町内高齢者へのタブレットの貸し出しを考えてはどうかと言ったことがあります。いずれにしろ、これからの世の中はＩＣＴ化が避けては通れないものだと思います。今後は、町民への啓発のためにも、議会も執行者側も共にＩＣＴ化の活用を率先して進めていく必要があろうかと思うのですが、町としてのＩＣＴ化推進の考えを示せ。

## 介護支援専門員の資質向上について

介護支援専門員の資質向上について、これからの超々高齢化社会で要介護者の過ごし方や介護予防がますます大変重要になってくるのは言うまでもありません。安倍首相は介護離職ゼロを掲げていますが、介護職員に対しての待遇改善についての対策はほとんど考えているようには思われません。介護及び地域包括ケアの担い手で核となるのは介護支援専門員、いわゆるケアマネジャーです。そのケアマネジャーの資質によって、支援の良し悪しが出てきます。そこで、個々のケアマネジャーの資質の向上が大変重要になってくることから、町としては地域包括支援センターとの協働も必要ですが、今後どのようにケアマネジャーの資質向上に取り組んでいくつもりなのか、その考えを示せ。

## 定例会六月会議

### 各種相談支援のあり方について

地方自治法においては、地方公共団体は住民の福祉の増進を図ることを基本としています。

地方公共団体として、その職員や関係者が住民である町民からの育児の関係や税金のこと・教育の問題や健康などについての各種悩み事に対して相談にのることは、住民の福祉の増進には大変重要な役目であり、基本的な行為と思われます。

そこで、町職員らが町民である相談者からの相談にのるための基本理念が非常に大切になってきます。その基本理念を守ることで、基本的な相談の確保がされるのではないでしょうか。

本町としては、この町民からの相談にのるための基本理念のあり方について、どのような考えのもと各種相談にのり、町民の悩み事を解決してきているのか伺います。

## 日本版ＣＣＲＣの考え方について

ＣＣＲＣとは、「Continuing Care Retirement Community」の略で、直訳しますと「継続的なケア付きの高齢者たちの共同体」ということになります。米国発祥の考え方で、高齢者が元気なうちに地方に移住して社会活動に参加し、介護や医療が必要になった場合もケアを受けて暮らし続けることができるというものです。

政府では、昨年有識者会議で「日本版ＣＣＲＣ」構想をまとめ、高齢者の地方移住を促すことで首都圏の人口集中の緩和と地方の活性化を目指すとしています。

本町は現在人口三万人を目指すべく、各種施策に取り組んでいるところです。そこで、この日本版ＣＣＲＣの取り組みについてはどのような考えを持っているのか伺います。

## 芸術による地方振興について

美術や音楽などの芸術は子どもの情操教育や大人に対しても心の栄養として大変重要なものです。

本町は不来方高校の音楽部をはじめとして音楽の大変盛んな町であることは周知のことです。

そこで、町が主導して地域振興と絡めて大々的にイベントなどを開催して、ますます矢巾を音楽の町としてＰＲしてはどうでしょうか。

また、音楽ばかりではなく美術においても、例えば徳丹城跡地を利用して現代アートの展覧会などを催すことなどができないものでしょうか。

ほかにも、町としての芸術による地方振興についての考えを伺います。

## 定例会九月会議

### 学校図書館の活性化

近年、子どもばかりではなく、青年や大人たちも読書離れがいわれています。読書することは考える力を養い、磨き、情操教育などに大変重要なものです。従って、読書を推進することは大事なことであり、そのために図書館の活用をより一層促進していく必要があります。

町内には、やはぱーくの図書センターをはじめ岩手医科大学の図書館もあり、少し足を運べば近隣市町や県の図書館も利用できます。しかし、子どもたちだけでは学区外に出かけるには少し難しいのが現状です。そこで、各学校に設置されている図書館の活用を進めていくべきであると考えるところから、以下伺います。

①町内各小中学校の図書館の蔵書数と利用状況、併せてその所見。
②各図書館の人的整備状況として、司書教諭・ボランティアほかの状況。
③各学校の読書活動の状況。
④学校図書館の役割としては、学習支援もその一つですが、学習・情報センターとしての活動内容とその所見。
⑤地域や各学校図書館・町図書センターとの連携についての状況。

ＩＣＴによる広聴・広報活動の充実

現在は情報化社会であり、ますます広聴・広報が大切になってきています。特に情報インフラの整備が重要です。

昨年、策定された「矢巾町まち・ひと・しごと創生　総合戦略」では、情報の管理運用体制を見直し、必要な各種情報をより迅速に発信できる仕組みを構築するとあり、ホームページの全面改訂・生活情報発信の強化などの具体的な取り組みが示されています。また、第7次総合計画では、広報・広聴の充実として、ホームページによる情報発信の強化を図り、住民からの意見や要望・ニーズを積極的に把握する体制の強化に努めるともあります。そこで、以下伺います。

①町ホームページのアクセス数について、改訂前とその後ではどう変化したのか。一昨年、昨年、今年の四、五、六、七月の各月のアクセス数。また、よく見られているページやあまり見られていないページを把握しているのであれば、そのアクセス数。
②町ホームページは、どのような体制で更新が行われているのか。ホームページを運用するための職員のガイドラインはあるのか。外部委託は、いつまでホームページ製作に関わるのか。改訂した業者からのアフターケアの状況は。
③町としての広聴活動はどのように行っているのか。また、インターネットによる広聴についての所見。
④町民のインターネットの利用率について把握されているのか。
⑤インターネット利用の住民へのサポート体制は。
⑥利用率・サポート体制に関する所見。

## 定例会十二月会議

いじめ防止対策について

町内中学校で起こった悲しい事件から約一年五か月がたちました。このようなことは二度と絶対に起こしてはいけません。そのための対策を含め、以下伺います。

①第三者委員会の調査状況は。

②いじめ防止条例は子どもが主体の条例であることから、小学校低学年にも理解できるものとすべきでは。

③町で、いじめを絶対に許さないという宣言をしては。

第6次総合計画の評価・検証と第7次総合計画の見直しについて

矢巾町第6次総合計画は昨年度で計画年度を終了しています。すでに、第7次総合計画の年度に突入しているにも関わらず、6次総の評価・検証が十分に行われていないように感じます。そこで、以下伺います。

①6次総の評価・検証をどのように、いつまでに行うのか。

②その評価・検証結果の公表についての考えは。

③6次総の評価・検証の結果を踏まえて、7次総の見直し予定の考えは。

④町としての各計画に対するＰＤＣＡサイクルの認識は。

## 共生社会の実現に向けて

今年七月に神奈川県の障がい者施設で起きた事件は、誠に許しがたいものであります。その後には、視覚障がい者が駅のホームから転落する事故が各地で起きていました。

今年四月からは「障害者差別解消法」が施行されていますが、このようにまだこの法律で求められている合理的配慮などが行き届いていないのが現状であり、高齢者を含めた共生社会の実現はほど遠いと言わざるを得ません。そこで、以下伺います。

①心のバリアフリーの取り組みはどうされているのか。
②療育センター・支援学校との連携は。
③ユニバーサル化の現状についてはどう捉えているのか。
④地域包括ケアシステムの状況は。
⑤新しく始まる総合事業の中身は。
⑥今後のボランティア育成についての考えは。

## 交通弱者等への対策について

町内西部地区の交通網の整備等、交通弱者に対しての支援については以前から言われていることです。加えて高齢ドライバーの問題についても、最近騒がれていますが、以前から問題視されているところであります。そこで、以下伺います。

①さわやか号の運行見直しについての考えは。
②路線バス等公共交通機関の今後の見直し予定は。
③オンデマンド交通導入実現の考えは。
④高齢ドライバーへの対策は。

**喫煙に対しての取り組みについて**

喫煙の健康被害は深刻であります。特に喫煙しない人に対しての受動喫煙の問題は即刻解決すべきことであることから、以下伺います。

①官公庁においての喫煙の状況は。
②小中学校の喫煙所の状況は。
③日本一健康なまちを目指す本町としての、喫煙に対する取り組みの考えは。
④副流煙や呼出煙・三次喫煙の対処法についての考えは。
⑤吸殻などのポイ捨て防止の対策は。

平成二十八（二〇一六）年の主な出来事

・熊本地震が発生。
・民主党と維新の党などが合流して民進党が発足。
・東京都知事の舛添要一が自身の政治資金問題などで辞職。都知事選で小池百合子が当選。
・十九人が殺害され戦後最悪の死者数となった相模原障害者施設殺傷事件が発生。
・イギリスの国民投票でＥＵ離脱派が勝利。
・アメリカ大統領選でドナルド・トランプが勝利。

# 平成二十九（二〇一七）年

## 定例会三月会議

本町の広聴・広報活動の充実について

行政業務の中で、広聴・広報業務は行政と町民とのパイプ役として大変重要でありますことから、以下について伺います。
①町広報紙の読者層やその意見をどのように捉えていますか。
②町でSNSが導入されましたが、その利用の状況と今後の展開をどう考えていますか。
③有線放送業務廃止への対応策はどうなっていますか。
④提言箱の利用状況と提言の内容はどのようなものがありますか。
⑤町民モニター活用についての見解をどう持っていますか。
⑥懇談会等意見交換の開催状況と、その成果をどう考えていますか。
⑦今後のICT化についてはどう考え、職員へのタブレット導入の考えはいかがですか。

## 目に見えない障がいを持っている方等に対しての支援について

障害者権利条約の批准により、昨年は差別解消法の施行などがされてきました。しかし、目に見えない障がい、例えば内部障がいや精神障がいや発達障がいなどの理解は以前よりは進んでいるものの、まだその理解が足りないと思われますところから、以下について伺います。
①障害者差別解消法の町民や事業所の理解や浸透度をどう考えていますか。

②職員が障がいをお持ちの方へ対応するための対応要領はどうなっていますか。
③障害者差別解消支援協議会の設置はどうなっていますか。
④駅のホームドアの設置についての検討はどうなっていますか。
⑤成人の発達障がいに対しての支援対策はいかがですか。
⑥手話言語条例の制定に対しての見解はいかがですか。
⑦精神疾患からの二次障がいに対しての対策をどう考えていますか。
⑧発達障害支援法改正についての啓発や対応策はどう考えていますか。

命の大切さについて

命は何よりも大切であるということは、皆さんが感じていることだと思いますが、その命を自ら絶つというのはとても悲しいことです。

命を守るためのより一層の対策が望まれることから、以下について伺います。

①命の大切さを学ぶ教育をどのように行っていますか。
②市町村で義務付けられることになった自殺対策計画の策定はどうなっているのですか。
③うつ病や統合失調症などの対策をどのように行っているのですか。
④精神疾患患者の周囲の方に対して理解してもらうための啓発活動をどう行っているの

ですか。
⑤自殺ゲートキーパーの役割と活動状況はどのようになっているのですか。
⑥自殺予防のための地域の見守りや支援の状況はどのように行われているのですか。

## 定例会六月会議

図書センターの役割等と活性化について

矢巾町活動交流センター・やはぱーく開設から一年を迎えた。今後も本町の活性化にさらなる利活用が望まれる。そこで、この施設にある図書センターの利活用等について伺う。

①図書センターのこの一年の利用状況をどう捉え、今後の課題と利活用方法についてどのように考えているのか。
②蔵書の充実は図書機能の役割としては重要なことであるが、ネットワーク化による資料集め等の充実や他の図書機能の役割に対して町としては町民がどう捉えていると認識していて、今後の取り組みについての考えは。
③図書センターの運営に関しては、社会教育委員会議で意見を聞きながら進めていると

以前聞いたが、現在の図書センターの運営についても同委員会議で行われているのか。
また、どのような運営方針のもと運営しているのか。

民生・児童委員の役割等について

今年で民生委員制度が創設されて百年になる。さまざまな地域住民の困り事に対応してきている民生委員の方たちだが、今後の役割がますます重要になってきているところから、以下民生委員について伺う。

①民生委員の役割についての町民の認知度については町としてはどう考え、その機能が十分に力を発揮できている環境にあると考えているのか。

②民生委員はボランティアであるが、その活動は今後の超高齢化に伴い増えていくものと考える。すると、ますます民生委員のなり手が不足していくとも考えられる。そのなり手不足解消に向けての方策はどう取られているのか。

③現在活動されている民生委員についての課題をどう捉え、その活動に対してどのような支援をどのような考えのもと行っているのか。また、その取り組み状況は。

クラウドファンディング他による資金調達の方法について

町としては厳しい財政状況の中、税収だけでの行政運営には苦労されていると思われる。そこで、各自治体ではいろいろな取り組みが行われている。その中で、クラウドファンディングという資金調達の方法を利用している自治体もあるところから、以下伺う。
①クラウドファンディングについては、手数料の支払いや新たなコストや税制の寄付控除の対応など検討すべき課題もあるが、重要なのはふさわしい事業は何なのかを研究することである。早急にその取り組みを始めるべきでは。
②町民に賛同してもらえる事業などのアイデアを、まず広く募るという方法から考えてはどうか。
③ふるさと納税については、本町ではやっとその取り組みが本格化してきた。本町は先進的な取り組みに対して慎重であり、もっと大胆に取り組んでいく必要もあろうかと考えるがいかがか。

特別支援教育のあり方について

本町には特別に支援の必要な児童生徒がおり、特別支援教育の体制が整備されている。加えて県療育センターや支援学校も移転してくる。そこで、今後の共生社会の実現に向けた特別支援教育に対しての考えについて伺う。

①特別に支援が必要な児童生徒やその保護者と相談事業所等との連携は。
②インクルーシブ教育の充実に対する取り組み状況は。
③町民全般への心のバリアフリー教育についての考え方や周知は。
④療育センター・支援学校との連携体制は。

## 定例会九月会議

環境美化の考え方について

清掃とは、その場所を清潔にするということだけではなく、その行為自体が心を清めるという効果にもつながっていくものと考えられるのではないでしょうか。そこで、町としての環境美化の考え方について伺います。

①町の主な施設の清掃業務を一つの会社に対して、長期継続で委託契約をしているようですが、その理由は。
②主に職員が自ら利用する場所を自ら清掃せずに、委託とする理由は。
③町内一斉清掃を始めた経緯と今までの状況は。
④教育において、家庭や地域での環境美化についての指導をどう行っているのか。

⑤町内小中学校の清掃活動を教育の中ではどのような役割と捉えているのか。

## 社会保障制度について

高齢化の進展に伴い、社会保障費は膨らむ一方です。今年八月から社会保障の仕組みが変わり、応能負担の流れが加速しています。今後の財政を含めた社会保障制度について伺います。

①来年度は、介護保険法の改正が予定されています。その中で、保険者による自立支援、重度化防止等に向けた取り組みを推進するための財政的インセンティブの付与が検討されていますが、導入された場合の本町の対応について伺います。

②本町の地域ケア会議の現在の状況と今後の予定は。

③国では、今後の福祉改革を貫く基本コンセプトに地域共生社会の実現を位置づけています。しかし、混合介護や共生型サービスについては問題点が多いと思われるが、町としての考え方と対応を伺う。

④介護予防事業においての運動機能等の改善実績と、介護3、4、5の方の重度化改善実績は。

## いじめ防止対策について

いじめを一因とした中学生の自殺から二年。今年四月にはいじめ防止対策に関する条例が施行されています。しかし、いじめの防止対策はそこで終わりではありません。今後引き続きいじめ防止対策を講じていかなければなりません。そこで、以下いじめの防止対策について伺います。

①各学校の不登校者数といじめ把握数、その後の状況は。

②町のいじめ防止基本方針は、国の推進法に比べて、いじめの定義の範囲や対象を変更している箇所が見受けられ、第三者委員会からも指摘を受けていた。その後、前教育長は、その基本方針の見直しをすると言及されていたが、その後、基本方針の見直しをどう行ったのか。

③二年前の悲しい出来事は、風化してきていると実感としてあるが、二度と起きないように条例では町や学校などに責務を課している。また、今までの基本方針も実効性がなかったと言われている。その責務などについて、現在はどのように実効性を持ち、取り組んでいるのか。条例改定後の状況を伺う。

④各学校で行われているいじめについてのアンケート調査はどのように取り扱われ、どういじめ防止に生かされているのか。

⑤いじめ相談についてアプリを活用した相談やSNSに対応した相談体制が望まれるが、町としてのこれらに関する対応を伺う。

## 定例会十二月会議

政策の循環による計画推進と見直し等について

①町の計画の策定を行う場合は、広く町民から意見を聞くべきであり、タウンミーティングなどでとことん議論しながら策定していく必要があると考えるが、町としての計画策定の町民意見の反映のしかたは。

②各計画の執行に関しては、まずは本格的執行以前に試行したほうがいいものもあると思われるが、今までそのような実績は。

③町計画の立案時には、計画策定委員会等が設置されて計画策定が行われることが多いが、その評価についてては評価委員会のような第三者機関を設置して行うべきと思うが、計画の評価のしかたは。

④計画やその評価の結果について、町民への公表等、周知のしかたについての考えは。

⑤計画の評価については、指標が設定されている場合がある。指標をクリアしていない

場合の対処の方法をどう取り、その責任についての考えは。

## 特別な支援の必要な子どもたちへの療育について

①障がいについては、早期発見・早期治療をする必要がある。乳幼児健康診査時に障がいを発見するために留意されていることは何か。
②障がいを持つ子どもに対しての支援策について、周知が足りないところがあるような声を聞くが、その周知方法は。
③各教育委員の方々は特別支援についての認識と考え方をどう持っているのか。
④障がいを持つ子どもにかかわる支援には、町として各課での連携が必要となるが、その連携は。
⑤障がいを持っている方たちやその家族と地域との交流は。

## 障がいを持つ方が活躍できる町づくりについて

①障害者雇用促進法では、事業主に対して障がいを持つ方の法定雇用率が二%となっている。町内事業所の状況は。
②障がいを持つ方に働く場所があることは、町全体の活性化につながるのではと考えら

れるが、町としての考えは。

③障がいを持つ方々と地域の方々との共生は重要なことだが、その共生を考える上で町としてはどのようなことを行ってきていて、今後どう推進していこうとしているのか。

④障がいを持つ方が、働きながら一般企業などへの就労に必要な支援を受けられる事業所があるが、町としては、一般就労へつなげるための支援の考え方をどう持っているか。

⑤農業の担い手が足りないといわれているが、働く場所がない障がいを持つ方とのマッチングをして両者の課題の解決を図っては。

ターミナルケアへの支援策について

①在宅医療・介護についての課題をどう捉えているか。

②在宅での家族介護における介護離職が問題となっているが、支援策をどう考えているのか。

③次期、障がい福祉計画・介護保険事業計画の両計画におけるターミナルケアの位置づけをどう考えているのか。

④自宅だけではなく、介護施設でのターミナルケアも医師や看護師の不足から難しい状

況にあるようだが、医療・介護の人材の確保についてはどう考えているのか。
⑤終末期の患者への精神的ケアと、その後の家族へのグリーフケアなどの支援をどう考えて実践されているのか。

平成二十九（二〇一七）年の主な出来事

・前年から続く築地市場の豊洲移転問題で、移転が決定。
・森友学園問題、加計学園問題が国会で追及される。
・前年の二〇一六年に生まれた子どもの数が九十七万人余りと判明、百万人割れは統計残る一八九九年以来初。
・第四十八回衆議院議員総選挙、自民党圧勝、立憲民主党が健闘、希望の党は失速。
・中学生プロ棋士の藤井聡太が公式戦新記録となる二十九連勝。
・製造業大手の不祥事が多発。

# 平成三十（二〇一八）年

## 定例会三月会議

### 町長の政治姿勢について

高橋町長が町長に就任されて約三年となり、残り任期一年ほどとなりますところから、今までの振り返りやこれからの展望を含めて、町長の政治姿勢について伺います。

①町長の今まで町政運営をされての自己評価は。
②町長の考えられている町民党・草の根型の意味は。
③町民や職員の中の若い層の意見を、どのように捉えて生かしていっているのか。
④職員への対応で心掛けていることは。
⑤水本副町長は高橋町長の政治姿勢に対してどう感じ、副町長を引き受けられたのか。

### あいさつの励行について

あいさつは人間関係でのコミュニケーションの基本であり、非常に大切であると思いますが、このあいさつをしっかりできていない方が多いように感じます。そこで、よりよい人間関係を築くためのツールとして、あいさつで笑顔のあふれる町にしていくために、以下伺います。

①町・学校としての笑顔とあいさつに対する認識と重要性の捉え方は。

②矢巾東小学校のスマイルあいさつ運動は、どのようなきっかけで始まったのか。また、現在の活動と、他の学校の状況と、今後の活動については。

③町民全体でのあいさつ運動の状況と今後の施策の考えは。

交通マナー教育のさらなる充実について

現在、議会の交通に関する特別委員会では、各種調査活動等をしているところです。その中で、人間の営みの基本はやはりマナーが基本にあると感じるところから、以下について伺います。

①小中学校での交通マナー教育の状況は。

②町民、特に高齢歩行者・高齢者の自転車・高齢ドライバーに対する交通マナー教育の状況と対策は。

③スクールガードなどボランティアの人材確保策・支援策は。

④飲酒運転の状況と対策は。
⑤スマホのながら歩行や運転対策は。

## 教育委員会の活性化について

町の教育の要である教育委員会は、町民にとって大変重要な役割を担っている機関です。ところが、どういう方が委員になっていて、どういうことをしているのかを知っている方は少ないのではないでしょうか。そこで、教育委員会がどのように町民と向き合って活動しているのか、以下伺います。

①教育委員の選出を公募にする考えは。
②教育委員会議と総合教育会議の役割関係と、町民の理解度は。
③各教育委員の多様性の生かされ方は。
④教育委員会議の公開度についての認識は。
⑤教育委員会と所管課職員の役割関係については。

# 定例会六月会議

## 地域コミュニティの活性化について

本町では、全国に先駆けて昭和五十五年にコミュニティ条例を制定し、地域コミュニティの活動の推進に努めてきているところですが、現在のコミュニティの状況と条例が制定された当初とは時代がだいぶ変わってきていると思います。

そこで、今後の地域コミュニティの活性化について、以下お伺いいたします。

①条例では町長が必要な助言をするものとなっていますが、今までの助言内容とその効果。

②人口増を目指す中で、今後のコミュニティ活動に対しての支援の考え方。

③かつての新興住宅地の高齢化が顕著だが、それらの地域への支援策。

④条例の中で位置付けられているコミュニティ計画作成について、今までの計画の内容とその計画でなされたこと。

⑤人口減少が心配されている地域への具体的な支援策。

## 精神疾患の理解と支援について

今年に入って、精神疾患がある子どもを親が監禁する事件が相次いで起こりました。このような事件が起きないようにする対策を含めて精神疾患について、以下お伺いいたします。

①全国的に精神障がい者を含めた障がい者に対しての強制不妊手術や人工中絶手術が問題となっているが、本町の対象者の把握と支援策。

②第5次障がい者プラン・障がい福祉計画では、精神保健・医療の適切な提供をすることになっている。その具体的な取り組みと、今後の精神疾患をお持ちの方に対する支援・予防策。

③入院している精神障がい者への退院後支援計画の策定について。

④初めに申し上げた事件の背景には、精神障がいに対する大きな偏見や医療・福祉体制の不十分さがあるのだと思います。患者はこれからももっと増えてくることが考えられ、その実態が一般の人には知られない状態も出てくるように思います。そこで、今後広く一般の方に対して、特に学校などを通しての思春期の子どもの心の健康に対しての正しい理解と支援策が必要になってくると思われるがどうか。

⑤精神疾患等の相談体制。

⑥今年度から障がい者の法定雇用率が、引き上げられました。さらに、身体・知的障が

いに加えて精神障がいも加えられることになりました。これからの精神障がい者への就労支援策。

本町の広聴・広報の充実について

広聴とは、広く意見や要望等を聞くことです。行政にとって住民ニーズを把握することは、行政施策を推進する上で欠くことができません。

また、広報は、より迅速に住民に行政情報を伝えることにより、住民と行政の間に信頼関係を築いていくものです。

これら広聴・広報活動の充実について、以下お伺いいたします。

①7次総の中では、広聴・広報の充実の現況と課題、施策の方向と指標が位置付けられていますが、改めて見直してみますと、広聴の内容が全く位置付けられていませんでした。そこで、本町としての広聴についての施策の考え方をお伺いいたします。

②第7次総合計画の中では、町ホームページのアクセス数を増やす指標が示されており、音声読み上げ機能の改善が位置付けられています。この機能の利用者の声と今後の改善策。

③やはラヂ！について、現在のラジオ機器の配備状況とリスナーからの番組等に対する

声の把握。
④町地域懇談会・ご用聞き隊の開催状況とその感想。
⑤広聴・広報に関しては、担当職員だけでなく、全職員が広聴広報マン・ウーマンになる必要があるが、その意識をどう持っているのか。

## 公共交通と移動支援のこれからについて

現在、デマンド交通の運行について検討されており、さわやか号の廃止も考えられているところですが、交通弱者対策として、あらゆる角度からの検討が必要であるところから、公共交通と移動支援のこれからについて、以下お伺いいたします。
①デマンド交通の運行計画とさわやか号の今後について。
②交通弱者の外出目的を町としてはどのように考えて支援をしているのか。
③近隣市町では、格安・無料にて利用できる移送サービスがあるが、本町はそのようなサービスが提供されていないのではないか。その見解について。
④介護予防事業として自治体が補助して移動支援を行っている自治体がありますが、本町としても、そのような移動支援を行う考えは。
⑤広く町民が利用できるタクシーチケット・タクシー定期券などの導入に関しての見解

は。

⑥現在、公共交通の担い手であるタクシー運転手やバス運転手の確保が難しくなっているが、運転手志望の二種免許取得希望者に対して補助をして、公共交通の担い手の確保を含めた雇用対策につなげる考えは。

## 定例会九月会議

### いじめの防止策について

三年前の忘れることのできない悲しい出来事以来、当時学校に在学していた生徒は卒業し、教職員も異動となり、その当時の出来事を知る人がほとんど学校にはいなくなっている。けれども、あの出来事については決して忘れずに、二度と起きないようにする対策を引き続き行っていかなくてはならない。そこで、以下伺う。

①現在の町内学校の不登校やいじめの実態をどのように捉えて、その対策を講じているのか。

②教育委員会・総合教育会議などでは、いじめ問題についてどのような話し合いが持たれ、その役割を果たしてきているのか。

③いじめ防止対策に関する条例が制定されたことによる効果は。
④インターネットを通じて行われるいじめや事件などの状況と対策は。
⑤三年前の出来事を風化させないための取り組みをどう行っているのか。
⑥三年前当時その学校に在籍していて不登校となっていた生徒たちのその後についての状況と支援は行われているのか。

社会資源の活用について

介護保険制度や障害者総合支援法などでは、病院や施設から地域で生活するような施策に重点が移行してきている。だが、ただ地域に移行するだけでは問題の解決にはならない。そこで、住民ニーズの解決のためにはさまざまな社会資源が必要になってくることから、本町の社会資源についての今後の方向性ほかを以下伺う。
①この地域の社会資源の必要性をどう考えて、育成や創出を行ってきているのか。
②町と町社会福祉協議会やほかの社会資源の供給機関との連携をどう取ってきているのか。
③インフォーマルな社会資源を活用する上での視点についての考え方は。
④インフォーマルな社会資源に対する支援と調整をどう行ってきているのか。

⑤ボランティアの育成についての教育をどう行ってきているのか。
⑥今後の社会資源の活用をどう考えるのか。

## 町民の幸福の向上について

岩手県の次期総合計画では幸福をキーワードに岩手の将来像を描いていくとしている。県では、そのような幸福についての考え方を持っているようだが、本町としては、この幸福度というものをどのように町づくりに取り入れていくつもりなのか、その見解を以下伺う。

①県の未来の幸福に向けての取り組みを受けて、町の役割をどう考えるのか。
②現在の町民の幸福度をどう把握しているのか。
③次期矢巾町総合計画後期基本計画に幸福度指標を取り入れるべきと考えるがどうか。
④全体的な町民のＱＯＬの向上が幸福度の向上にもつながることから、町民のＱＯＬの向上をどう目指すのか。
⑤人や社会の幸福はまちづくりの中心となるものであると考えるが、それを見失ってしまわないために、幸福のまちづくり条例を制定し、しっかりとした理念を抱き町内外に示してはどうか。

ＩＣＴ等の活用による取り組みについて

近年、特にＡＩやＲＰＡなどの活用による行政運営の効率化や住民サービスの向上が進んでいる。今後は、さらにそれらの活用が進められていくことが考えられる。そこで、本町のこれからのＩＣＴ等の活用に対する取り組みについての見解を伺う。

①現在、ＡＩやＲＰＡなどをどのように町として活用しているのか。その状況を伺う。

②今後のＩＣＴ等については、どのように活用していこうとしているのか。総合計画での位置付けが明確ではないように感じるが、町としてのＩＣＴほかの将来の位置付けは。

③今後のＩＣＴ化を進めるにあたって、実施していくための計画として町情報化計画を策定して検討していく必要性を感じるがいかがか。

④教育におけるＩＣＴの活用状況と今後の活用については。

⑤農業や介護などの各産業へのＡＩ・ＩｏＴの活用や普及の取り組みは。

⑥ＡＩ・ＩｏＴなどの活用に関する課題についての捉え方は。

⑦一般社団法人岩手ドローン操縦士協会との協定の内容と、その活用策は。

## 定例会十二月会議

### 投票率の向上について

来年には町長選をはじめとした選挙がありますが、ここ最近の投票率は減少傾向にある。十八歳の選挙権が導入されて二年余りたつが、若い世代の政治離れは改善されていないように思う。そこで、今後より多くの方に政治に対して興味を持ってもらい住民参加の行政運営をするきっかけ作りのための投票率向上の取り組みについて、以下伺う。

①投票率の現状をどう捉え改善すべきと考えているのか。
②共通投票所を新たに設置してはどうか。
③期日前投票所の増設と期日前投票の時間の弾力化を。
④投票所への移動支援について。
⑤地域活性化と投票率向上の方法として、投票所来所証明書を発行し、それを持参した場合に飲食店などでのサービスや割引を受けられるようにしてはどうか。
⑥インターネット投票ができるようにならないのか。
⑦学校での主権者教育にどう取り組んでいるか。

## がん対策について

生活習慣病というのは、がんや糖尿病・脳梗塞などの病気は生活習慣が要因であるという考えのもと付けられたもののようだが、いくら生活習慣を良くしていてもかかってしまう場合もある。その生活習慣病の一つであるがんだが、日本人の二人に一人がかかる病気である。そこで、行政の支援等や対策が必要であると考えるところから、以下伺う。

①がん予防推進の取り組みは。
②がん早期発見推進の取り組みは。
③がんに対する相談体制は。
④がんに関する情報などの伝達方法は。
⑤がん患者等に対する費用や就労に関する支援は。
⑥がんに関する教育での取り上げ方について。

## ノーマライゼーションという言葉のいらないまちづくりについて

ノーマライゼーションとは、高齢者・障がいの有無といった年齢や社会的マイノリティーといったことに関係なく生活や権利などが保証された環境を作っていく考え方のことだが、これは日本の福祉政策においての基本的な理念である。このことから、特に医療・福祉の県内拠点となり得る本町で特に取り組んでいく必要性があると考えるところから、その見解を以下伺う。

①本町で障がい者を採用する際の応募資格に「自力通勤可能」「介護者なしで業務遂行可能」などの条件はあるのか。

②障害者差別解消法の制定以来、町民のこの法律に対する認知度をどう捉えているのか。

③ノーマライゼーションに対する学校教育・社会教育をどのように行っているか。

④町内の医療・福祉機関等と連携した合理的配慮などの取り組み状況は。

⑤インクルーシブ教育の現場等での浸透度は。

## 少子化対策について

少子高齢化は全国的な問題である。本町では人口三万人を目指して各施策に取り組んでいる。ただ、ほとんどの自治体でも人口をできるだけ減らさないようにしている。そこで、やはり自治体間競争による人の取り合いというところも出てくるのは必然である。そのため、より矢巾町独自の施策を打ち出し、人口獲得に努めていく必要がある。しかし、その人口の社会的増加と、同時に自然増加のため独身者に結婚してもらい、新しく子どもが生まれるような環境を作るための施策の充実も必要である。そこで、以下伺う。

①今後の出生率を上げるための対策にどう取り組んでいるのか。
②婚活支援の現状について。
③婚活イベントの効果と検証・改善の考え方について。
④独身者の意見の聴取をどう行っているか。
⑤少子化対策としての教育の役割をどう捉えて実践されているのか。

## 非営利法人・団体の役割と町との関係について

本町には、社会福祉法人や医療法人などの非営利法人組織となっているものやボランティアを主体とした任意団体などの各団体が存在する。そこで、それら各法人などの団体と町との関係や支援等について以下伺う。
①社会福祉法人としての役割と町との関係について。
②ボランティアを中心とした活動団体に対する支援は。
③各非営利法人・団体に対する委託の状況は。
④各非営利法人・団体に対する補助金の状況は。
⑤ＮＰＯ法人に対する本町の支援としての特徴は。
⑥学校法人と町との関係、特に岩手医大との連携は。

平成三十（二〇一八）年の主な出来事

・オウム松本元死刑囚らの刑執行。
・米朝が初の首脳会談。
・日産ゴーン会長を逮捕。
・財務省が森友文書改ざん。
・平昌五輪で最多メダル。
・中央省庁で障害者雇用水増し。

# 平成三十一（二〇一九）年

## 定例会三月会議

矢巾農業の未来について

日本の農業は、農家の高齢化や後継者不足による減少など多くの問題を抱えています。農業の問題は食糧問題とも大きくかかわってきます。これは本町においても例外ではなく、農業者数は三十年前から半減となっています。

そこで、今後の本町の農業の未来について以下伺います。

①次代の担い手となる後継者や新規就農者への支援についての本町独自の取り組みと、今後の見通しは。

②本町農業の土地利用についての活性化策は。

③教育の中での農業の位置付けと今後の取り組みは。

**成年後見制度等での権利擁護について**

成年後見制度は、判断能力が低下した認知症の方たちの暮らしや財産を守るための仕組みです。しかし、この制度の利用については伸び悩んでいる現状があるのではないでしょうか。今後、認知症の方が増加していく懸念もありますし、利用しやすい制度にしていく必要があると考えられることから、以下伺います。

①これまでの本町での成年後見制度と社会福祉協議会で行っている日常生活自立支援事業の利用状況と今後の拡充策と課題について。

②これらの制度の利用促進についての啓発活動をどのように考えて行ってきているのか。
③これらの制度についての相談体制・財源確保・人材育成の考えは。

住民自治推進の考えは

自治体運営においては、住民自治が基本であり、住民自らが地域づくりの理念や方向性を決め、住民自らの手で地域をつくっていくべきだと考えます。そして、住民などの民間でできないことを行政に支援を受けてやってもらうものではないでしょうか。これが原則であると思います。ですが、これが逆転してしまっているのが現状です。

そこで、本来の住民自治を取り戻す必要性を感じることから、以下伺います。
①行財政についての住民への見える化についての見解。
②住民の行政運営参加についての見解。
③次期第7次総合計画後期基本計画策定について住民主体の進め方は。

共生社会の実現に向けて

社会が多様化する中、誰もが相互に人格と個性を尊重し支え合い、その多様なあり方を認め合える全員参加型の社会形成を目指すことが今必要に思います。そのような取り組みを積極的に推進していく必要性があることから、以下伺います。
①町として、インクルーシブな社会を構築するためにどのようなことを行っているのか。
②特別支援教育コーディネーターによる支援の連続性の確保がどう行われているのか。
③共生社会の形成には、学校を中核としてコミュニティづくりを進めることが必要と考えるが、地域での共生社会構築の推進をどう図っているのか。

## もっと若者が活躍できるまちに

現在、日本は人口減少と超高齢化が加速しており、かつて経験したことのない時代へと突入しています。そこで、改めて重要になってくるのが、これからの未来をけん引していく若者の存在であり、その若者が活躍できるまちをつくることにあります。その若者を取り巻く社会状況も多様化しています。今後、若者がさらに活躍できる政策をしっかりと推進していくことが必要であることから、以下伺います。
①若年層の人口の動向をどのように考え、今後の対策は。
②若者が主体としてかかわる事業などの考え方と取り組みは。
③包括的な若者政策が必要と考えるが、その見解は。

# 令和元（二〇一九）年

## 定例会六月会議

共生社会の形成について

障がいがある、ないにかかわらず、女性も男性も、お年寄りも若い人もすべての人がお互いの人権や尊厳を大切にし、支え合い、誰もが生き生きとした人生を送ることができる社会が共生社会であり、これをみんなで作っていかなければなりません。このことを念頭に、以下お伺いいたします。

①障害者権利条約の内容の理解をさらに進めていくべきと考えるがいかがか。
②現在のインクルーシブ教育の浸透度と今後の進め方は。
③障がいをお持ちの当事者からの声をどう聴取し、生かしているのか。

学校教育の課題解決に向けた取り組みを

ここ最近、新しい時代の学校教育のカタチについて提言され、注目を浴びています。

そこで、本町の学校教育について今までの当たり前を見直してみる必要性を感じるところから、以下お伺いいたします。
①現在の学校教育の問題点についての見解は。
②学校教育の今までの当たり前を見直しする考えは。
③新しい学校教育の創造についての考え方は。

**これまでの地域包括ケアの課題と今後の対策は**

現在、二〇二五年を目途に、高齢者の尊厳の保持と自立生活の支援の目的のもとで、可能な限り住み慣れた地域で自分らしい暮らしを最期まで続けることができるよう地域の包括的な支援・サービス提供体制の構築を推進しています。

そこで、この地域包括ケアシステムについて、以下お伺いいたします。
①介護する家族に対する支援の課題について見解は。
②今後の多元的な社会に対応する方策は。
③行政のプラットフォーム・ビルダーとしての役割と行政サービスの質向上の考え方は。

## 町広報業務のさらなる推進を

行政の広報は誰にでも分かりやすく伝えることが基本です。その伝え方にはいろいろな方法があり、各種使い分けていく必要があります。ところが、この伝え方を誤ると一方通行になってしまうことも考えられるところから、以下町の広報業務についてお伺いいたします。

①五月号の広報やはば紙面リニューアルの考え方は。
②やはラヂ！聴取率とリスナーの反応、今後の方向性は。
③町ホームページ閲覧数の推移とその捉え方は。
④町ツイッター・フェイスブック・インスタグラム・ユーチューブなどインターネットツール別の利用の考え方は。
⑤わたまるメールの受信者数の推移と今後の考えは。

## 交通安全対策について

最近全国的に痛ましい交通事故が続いています。そこで、本町においてもさらなる交通安全対策が必要になりますところから、以下お伺いいたします。

①さらなる交通安全に対する技術やマナー等の啓蒙の推進をどう図っていくべきと考え

ているのか。
②高齢者ドライバーへの安全運転などの支援策は。
③危険個所の整備を早急にすべきと考えるが、その進め方についての見通しは。

## 投票率向上の取り組みは

　先頃行われた町議会選挙では投票率が五四・六二％となっており、有権者の政治離れが顕著に表れる結果となりました。このことを真摯に受け止める必要があり、今後の対策をすべきであるところから、以下お伺いいたします。
①今回の町議会選挙の投票率をどのように受け止め分析されているのか。
②今後行われる、県知事・県議会議員選挙、参議院議員選挙に対する方策は。
③期日前投票所設置の検討はどうなっているか。
④これからの投票率向上の取り組み、特に若年層の投票率向上についての見解は。
⑤今後、さらに教育において選挙に関心が持てるような方策の必要性についての見解は。

## 定例会九月会議

障がいを持つ方々への支援について

今回の参議院議員選挙では、本町から車いすの方が、れいわ新撰組からは二人の重度の障がいをお持ちの方がそれぞれ当選なさいました。

このように、にわかに国会において障がい福祉について注目されるようになったことは大変いいことだと感じます。

私は、これまで何度となく障がい福祉の関係について問いながら意見してまいりました。けれども、やはり当事者の意見というのは非常に重いと感じずにはいられません。身近に障がいをお持ちの方がいたり、要介護者にお話を聞く機会が多くあることから、私はその声をできるだけ取り上げて、議会にて述べさせていただいています。

今回は、会派の研修でたくさん勉強させていただいたところからほんの一部ですが、何点かお伺いしたいと思います。

①障がい児に対する教育・福祉・医療の連携体制をどのように構築して実行されているのか。

②医療的ケアを要する障がい児に対する支援をどうしているのか。

③重度障がい児（者）の介護者に対するレスパイトについては、どのように取り組んでいるのか。
④障がい者の就労についての支援の考え方は。
⑤障がい者の地域での共生については、どのように取り組んでいるのか。また現在の課題をどう考えているのか。

## 認知症対策について

政府では、この六月に認知症対策の新大綱を決定しました。認知症の方は、現在、国内に五百万人以上、二〇二五年には六十五歳以上の五人に一人にあたる約七百万人に増えると推計されています。

本町では、地域包括支援センターにて認知症支援ネットワークを構築して支援活動を行ってきていますが、これからの認知症患者や予備軍、その家族に対する支援についてお伺いいたします。

①共生と予防を車の両輪として施策を推進していくと、首相が表明しましたが、本町として共生と予防についてはどう取り組むつもりなのか。
②認知症ケアパスの活用をどう進めていくのか。

③普及啓発、認知症の方本人の発信への支援についての取り組みは。
④認知症バリアフリーの推進は。
⑤認知症サポーターへのその後の支援策は。
⑥認知症カフェの現状と今後は。
⑦認知症の教育の中での取り組み方は。

## 効果的な会議について

現在、町職員はじめ町民の方々が様々な場で会議において議論を行っています。この議会も議論の場でありますし、ほかにも総会などの会議やワークショップ・各種懇談会でも様々な形態で議論が行われてきています。

その議論については、ルールというものがしっかりと皆が認識しておらずに、不毛な議論に陥ってしまっている場合があるように感じます。

少なくとも、町で行われている議論の場においての最低限のマナーやルールを、会議の参加者にしっかりと認識してもらう必要があるのではないでしょうか。その上で円滑でより効果的な議論ができ、ひいては町の発展にも寄与するものと考えるところから、以下お伺いいたします。

①学校での議論の仕方は教育ではどう扱っているのか。
②各種会議での議論のルールはどう示して進行しているのか。
③ワークショップ等によるファシリテーター・書記の役割と、その養成をどう行っているのか。
④離れた場所とのスカイプなどのインターネット会議の活用をどう考えるのか。
⑤各会議の議事録の作成・保存・情報開示は、どう行われているのか。
⑥各会議の結果をどのように活用しているのか。

## 行政職員の役割等について

町政運営を行うにあたって行政職員の方々の役割は非常に重要であります。特に地方分権時代においては、地方自治体の仕事とは何かということを改めて考えて働くことも必要になってきます。

昨今、働き方改革が叫ばれていますが、その上で職員は多様なニーズに対応しなければなりません。さらに、今後は手本学習型から自ら考える形での仕事の仕方が求められてきます。

そこで、職員のさらなる仕事力を向上するにあたって、以下お伺いいたします。

①職員研修のコンセプトは、年度ごとの設定をどう行っているのか。
②役人の基本は文章力ともいわれるが、どのように職員の文章力を養成しているのか。
③役人の真価は交渉力ともいわれるが、交渉時の留意点を各職員はどう考えてあたっているのか。
④上司と部下の接し方や人材育成の方法をどうしているのか。
⑤会計年度任用職員の働き方についての考えは。
⑥アウトソーシングの活用策についての考えは。

子育て支援の充実について

平成二十七年よりスタートした「子ども・子育て支援新制度」は、幼児期の学校教育や保育、地域の子育て支援の量の拡充や質の向上を進めてきています。

スタートから四年、現在の進捗状況を踏まえながら、次期子ども・子育て事業計画の策定を進めていくとのことですが、そのことを含め子育て支援について、以下お伺いいたします。
①今まで子ども・子育て支援事業を実施してきて、本町の子ども・子育てについてどのような特色を持ち、特に力を入れるべきと考えてきたのか。

②認定こども園の現在の状況と今後の考え方について。
③子育て支援拠点事業の活動内容で、特に感じられることはあるか。
④保育士に対する処遇の改善策は。
⑤幼保無償化による課題と今後の見通しは。

## 定例会十二月会議

岩手医科大学附属病院移転による効果について

本年九月二十一日に岩手医科大学附属病院が盛岡市から矢巾町に移転してまいりました。この附属病院は県内唯一の特定機能病院であり、移転は国内でも前例のないものであったと聞いていますが、無事移転は完了いたしました。

今後町内において、県内外の医療の拠点を担ってもらうことになってきます。それに伴って本町においてもさまざまなメリットやデメリットも考えられますことから、以下お伺いいたします。

①附属病院周辺やアクセス道路の渋滞等、現状と今後の整備や対策は。
②附属病院移転による本町への交流人口の変化や経済効果は。

③附属病院移転に伴っての移住者等の受け入れ態勢は。

## 補助金について

町では、国からの補助により直営で事業を行っているもののほか、町が他の事業者に対して補助などをしている事業もあります。

その効果については、町民の福祉の増進にどのように寄与されているのかは厳密に検証が必要なことから、以下お伺いいたします。

①今年度補助を行っている事業はいくつあり、昨年度までの補助との数や質の違いはあるのか。

②補助事業に対する考え方と、なぜその事業を補助するのかを大きな事業など何点かお示しください。

③来年度から新しく始める予定の補助事業は考えているのか。また、近年極端に減らされたり、増えたりした補助や、今後そのような予定の補助はないのか。

④補助事業に対する効果の検証はどのように行われているのか。

⑤補助に対する国からのガイドラインに沿った基準などの見直しは、どのように行われているのか。

⑥財政援助団体等に対する監査はどのように行っているのか。

## 性について

先日、町内で新生児を殺害したとする容疑で女性が逮捕されるという事件が報道されました。事件の詳細については分かりませんが、いずれ性に対しては今までタブー視されてきたことは確かです。

そのことが事件につながった可能性も少なからずあるのではと思われることから、今まであまり触れられてこなかった性に対する問題について、可能な範囲で以下お伺いいたします。

①学校での性教育の状況は。
②障がい者の性に対する支援状況は。
③性被害者などに対する支援や相談体制は。
④性依存症の対策と支援は。
⑤性感染症対策は。
⑥セクハラ対策は。
⑦ＬＧＢＴＱへの支援は。

## 心のケアについて

心とは何か。心とは非常に抽象的な概念であります。ですが、その心がかかる病気は誰にでもかかる可能性がありますし、目には見えないというやっかいさもあります。けれども、その多くは治療することで回復するようです。

そこで、その心に関してのケアについて、以下お伺いいたします。

①現在、心の病気にかかっている方の実数や割合などの実情を把握しているのか。
②心の病気に対する予防について、どう支援を行っているのか。
③心の病気への正しい理解について、どう啓発しているのか。
④心の病気に苦しんでいる方への相談体制はどうしているのか。
⑤学校では、心の健康に関してどのように学び、予防や支援を行っているのか。

**平成三十一・令和元（二〇一九）年の主な出来事**

・天皇陛下が即位。「令和」に改元。
・京都アニメーション放火、三十六人死亡。
・消費税が八%から一〇%に増税、軽減税率を導入。
・東日本で台風大雨被害、死者相次ぐ。

・ラグビーワールドカップで列島熱狂。
・日韓関係が悪化、打開糸口探る。

# 令和二（二〇二〇）年

## 定例会三月会議

### 貧困問題を解決するには

全国の子どもの貧困については、七人に一人とも、六人に一人ともいわれている。町ではさまざまな貧困対策を講じていることと思いますが、現在の子どもをはじめとした貧困問題をどのように捉え、今後どのように支援を行っていこうとしているのでしょうか、以下お伺いいたします。

①町として、貧困の定義をどう持って、その方たちに対する支援の方針や目標をどのように設定しているのでしょうか。

②町内の貧困に関する実態をどう把握されているのでしょうか。
③貧困は特に子どもの貧困が社会問題となっているが、その解決策をどう考えるのでしょうか。
④貧困などで苦しんでいる方々への支援は総合的に取り組む必要があるが、町の支援体制はどうなっているのでしょうか。
⑤貧困の連鎖を断ち切る施策として、貧困家庭などに対する教育の充実が必要である。今後給付型の奨学金などの支援をどのように行うのでしょうか。

笑いとユーモアの効用について

人はなぜ笑うのでしょうか。赤ちゃんは一人で生きていくことができません。そのために可愛がってもらい、育ててもらうための戦略として本能的に笑っているといわれています。また、「病は気から」と精神的なものが体調に表れることもあります。「笑うと気持ちが晴れる」「なんだかスッキリする」というのは近年医学的にも認められていますす。そこで、町民の幸福の実現には、この笑いとユーモアが不可欠であると思われるところから、以下お伺いいたします。
①笑いと健康についての相関関係を、町としてどう考えて町民の福祉増進に取り組んで

いるのでしょうか。
②ユーモアはコミュニケーションの潤滑油になるが、その効用を意識して各施策に生かしてはどうでしょうか。
③笑いはナチュラルキラー細胞の活性効果で健康の増進が促されることから、そういう笑うことのできるイベントの開催を町として推奨してはどうでしょうか。
④笑いは副作用のない最良の薬であるといわれている。その効果は作り笑いでもいいようだが、その作り笑いを促す取り組みをしてはどうでしょうか。
⑤笑いヨガやケアリングクラウンの活動の導入や推進をしてはどうでしょうか。

## ボランティア活動の支援充実を

町内では、様々なボランティアをされている個人・団体の方がいらっしゃいます。子育て・精神保健・介護など町のボランティアセンターへの登録の有無に関わらず活動しているということですが、そういう方々がどのような活動を行っているのかは広くは知られていないように思います。そこで、本町のボランティア活動を町民の皆様に知ってもらい、またその活動の充実のために、以下お伺いいたします。
①現在の各種ボランティアの活動状況をお伺いいたします。

②町のボランティア個人・団体に対する支援状況をお伺いいたします。
③ボランティアをしたい方とボランティアの人手を求めている団体とのマッチングをどう行っているのでしょうか。
④学生など若い方々のボランティアの育成をどう行っているのでしょうか。
⑤ボランティアをしたことによってポイントを付与するというボランティアポイント制度の導入についての考えをお伺いいたします。

コミュニティ・スクールについて

本町では、来年度4月から町内全小中学校を対象としたコミュニティ・スクールを設置するということであります。子どもたちの生きる力を育むためには、学校だけではなく保護者・地域住民が参画する必要性があります。そのため、そういう方々が一体となるための仕組みとしてのコミュニティ・スクールは、地域に開かれた学校としても非常に有効であります。その取り組みについて、以下お伺いいたします。
①保護者・地域住民の周知・協力をどう進めているのでしょうか。
②学校・教職員の負担感についてはどう捉えているのでしょうか。
③コーディネーターの設置をどのようにしていくのでしょうか。

④人事や予算措置はどう行っていくのでしょうか。
⑤進捗の検証方法をお伺いいたします。

## 定例会六月会議

### 新型コロナウイルス感染症対応は

新型コロナウイルスは、全世界的に生活・医療・経済などいろいろな面で影響を与えている。我が国では緊急事態を宣言し、その後本県においては宣言解除となっている。

本町では、国や県の指示や要請に従い、これまでの対応をしてきていると思うが、今後地域の実情に合わせた対応が今まで以上に必要になる。国や県、専門家の意見をそのまま聞くのではなく、地域ごとの総合性を持った考えで、さらに地域の合意を得たうえでの施策を推進していかなければならない。その合意形成のための議論は議会で行われるのが本来のやり方である。

本町ではさまざまな対応をしてきているが、いずれ町民の命を守る対応が最重要であるという観点を決して忘れてはいけないところから、本町における新型コロナウイルス感染症の対応について、以下伺う。

①町民への医療面・予防面・心理面・経済面・教育面・福祉面での新型コロナウイルスによる影響の把握とその対応状況は。
②特別定額給付金の対応に課題は。
③情報発信の方法についての課題は。
④職員の働き方・テレワークなどの職場環境への対応は。
⑤オンライン授業の考え方は。

## 読書について

近年は急速なインターネットなどさまざまな情報メディアの発達で、私たちの生活環境は劇的に変化を遂げている。そのことなどによって本を読む時間が少なくなり、語彙力が貧しくなる傾向があるなど、さまざまな影響が出てきている。

現在は、新型コロナウイルスの影響によって在宅で過ごすことが多くなり、読書する機会が多くなってきていることと思われるが、現代の子どもに関しては、情報メディアの発達に加えてクラブや、塾、習い事などの活動に忙しく、読書に充てる時間が少なくなってきているようだ。

読書によって人生が変わると言われることがあるが、それほど読書によるメリットは計り知れないものがあるし、本を読む習慣を持つことは、生涯学習にも有効であり、人生にとっても有意義なものである。

特に、幼い頃から読書の習慣を持つことは、言葉を学び、感性を磨き、想像力を豊かにするなど、その後の人生をより深く生きる力ともなり得るものである。

本町においては、町民が読書の習慣づけを行えるように今までも各種方策が取られてきたと思うが、今後もさらに読書を推進するための施策を講ずることが必要と感じる。

そこで、本町の読書の現状と、今後の読書推進の考え方から読書施策の方向性について、以下伺う。

①図書センターと電子図書館と各小中学校の図書館の利用状況は。
②町民の読書の状況をどう捉えているのか。
③町民への読書の推進をどう図っているのか。
④小学生未満の読み聞かせ等、本と親しむ状況は。
⑤児童生徒の読書活動の状況は。
⑥生涯学習としての読書の取り組みは。

## 介護事業について

今から二十年前の二〇〇〇年に始まった介護保険制度は、介護の社会化、高齢者の自立支援を進めるための画期的なものとして、現在に至っている。この間、増え続ける高齢者人口に比例して高まる介護ニーズ、経費の増大などの逼迫した課題が顕著になってきている。

令和二年度は、その高齢者福祉計画・第8期介護保険事業計画が策定され、令和三年度から事業が始まる予定である。

すでに国の社会保障審議会介護保険部会等において議論された第8期介護保険事業（支援）計画の基本指針が示されている。

基本指針は、三年ごとに定める都道府県介護保険事業支援計画と市町村介護保険事業計画を策定するためのガイドラインである。その基本指針のポイントが何点かあるが、本町としてそれをどう盛り込み、町民の安心のための介護保険事業としていこうとしているのか。また、矢巾町独自の課題も考えられるところから、その実情をしっかりと捉え、計画に反映させる必要がある。

そのための調査や内容の検討など準備がすでに始まっていることと思われるところから、以下伺う。

①次期計画の策定にあたっては、アンケート等調査を実施するとしているが、どのように前期計画の検証・評価を行い計画に反映していくのか。
②今後要介護者の割合が増し、サービスに要する経費が増えるように予想するが、その対策は。
③介護予防についての重点施策は。
④軽度者への訪問・通所介護サービスは、介護予防・日常生活支援総合事業へ移行したが、盛岡広域圏内の現状は。
⑤認知症の広域圏内の現状と施策の推進は。
⑥介護離職ゼロに向けた取り組みは。

## 自閉症スペクトラム障害のある方への支援等は

自閉症スペクトラム障害とは、神経発達症群に分類されるひとつの診断名で、コミュニケーションや言語に関する症状があり、常同行動を示すといった様々な状態を連続体（スペクトラム）として包含する診断名である。近年、従来からの典型的な自閉症だけでなく、もっと軽い状態が含まれることになり、重い自閉症からアスペルガー症候群まで、広汎性発達障害を連続的にとらえた概念の名称である。

もともとアスペルガー症候群は「知的障害がない自閉症」とも言われていて、自閉症との違いが必ずしも明確ではなかった。そのため一九九〇年代に、広汎性発達障害全体を連続体（スペクトラム）としてとらえる同概念が提唱された。

自閉症スペクトラムは障害になるパターンもあるし、障害にならないパターンもある。障害にさせないためには、「できることをしっかりやっていき、個性を伸ばしていく」「できないことは無理をせずやらない」という考えのもと、その人に合った環境を考えていく必要がある。自閉症スペクトラムの方は、環境さえ合えば大きな力を発揮する。

そこで、自閉症スペクトラム障害のある方に対する支援等について、以下伺う。

①自閉症スペクトラムの現状をどう捉えているのか。
②成人の自閉症スペクトラム障害のある方に対する相談支援の態勢は。
③自閉症スペクトラム障害の疑いのある方への対応は。
④自閉症スペクトラム障害のある児童生徒や家族に対する支援は。
⑤自閉症スペクトラム障害のある方の周囲からの理解・環境づくりをどう図っているのか。
⑥自閉症スペクトラムから二次障害の予防策は。

# 定例会九月会議

誰もが幸せに、よりよく生きることを目指して

現在、新型コロナウイルスによる閉塞感が世の中を覆う中、私たちの暮らしは劇的変化が見られている。そのことにより、新しい生活様式が求められ、多くの方々にたくさんの心的な負担などが生じてきていることと思われる。

このような状況の中でも、大切なことは、誰もが幸せに、そしてよりよく生きることができるようになることである。

以上のことから、以下伺う。

①ウィズコロナ社会での新しい生活様式とは具体的にはどういうことで、その定着をどのように図っていくのか。

②心の病につながる感染症の予防対策については、手洗いが大変重要である。手洗いに対する指導・啓発をどう行っているのか。

③心のバランスを崩された方に対するケアの現状と、今後の対策はどうなっているのか。

④心の病に対する相談から治療までの体制の充実がさらに必要になってくるが、その体制整備をどのように行っているのか。

⑤心の病の予防も含めた社会に対する理解をどう図っているのか。

**誹謗中傷をしない、させないために**

全国的に新型コロナウイルスを巡っての個人情報の特定や、それに伴う誹謗中傷が横行している。また、ネット上での誹謗中傷から自殺される方もいる中、その対策が急がれる。

町としての対策はどう図られているのか、以下伺う。

①ネット上での誹謗中傷についての被害状況の把握・分析はどう行っているのか。
②ネット上での誹謗中傷につながり兼ねない個人情報の取り扱いについての見解は。
③ネット上での誹謗中傷などへの対策は。
④児童生徒のネット上でのトラブルの現状と、その対策は。

**農業と食について**

本町の基幹産業は農業であるといわれているが、高齢化などにより農業経営に不安を感じる方が多くいる。

農業は、私たちの体を作る食にも深くかかわるものである。その農業と食の関係をしっかりと構築していくことが今後も求められることから、以下伺う。
①まちづくりを進める上での農業のあり方への見解は。
②農業と食の関係についての考え方は。
③食育の現状について。

次世代を担う若者に対する支援をどうしていくのか

今までは次世代への支援というと、少子化対策などの育児支援や子育て支援という概念が強かったという印象がある。

次世代への支援に関しては、いかに現役世代がスムーズに次の世代に社会を受け継ぐかが大事になってくる。

そこで、本町としてどのように次世代を担う若者を支援していこうと考えているのか。

その視点が大変重要であるとの考えのもと、以下伺う。
①現在の若者の将来ビジョンに対するニーズをどう捉えているのか。
②本町の次世代育成支援対策推進法による行動計画についてはどう進められているのか。
③これからの将来を担う若者など子育て世代のワーク・ライフ・バランスに対しての見解は。

④子どもたちの地域愛を育む教育はどう行っているのか。

## 定例会十二月会議

医療的ケア児等への支援にどう取り組むのか

医療的ケア児とは、生活の中で医療的ケアを行いながら暮らす子どものことである。その子どもたちは医療の進歩に伴い、全国的にも増えている状況にある。しかし、医療的ケア児等に対する支援はまだ追い付いていない状況ではないか。その支援の遅れに関しては、新聞でも特集されていたし、昨年度からは、県で医療的ケア児等コーディネーター養成研修会を開催し、その支援に力を入れはじめてきた。

医療的ケア児等に関するさらなる支援の充実を図ることは、他のすべての障がいがある方に対する支援の基本となるものと考えるところから、この医療的ケア児等への支援の取り組みについて伺う。

①第1期矢巾町障がい児福祉計画については令和二年度で最終年を迎えるが、その評価をどう行い、第2期の計画に結び付けていくのか。また、第2期の策定の進捗状況はどうなっているのか。

②児童発達支援センター・医療的ケア児等コーディネーターの設置・配置は重要であるが、その設置・配置に関しての進捗状況はどうなっているのか。
③医療的ケア児等の支援体制に関しては、チームで対応する必要性を感じる。この支援チームについての町としての見解は。
④医療的ケア児等に対するライフステージに応じた切れ目のない支援は必要不可欠である。特に学齢期に対しての支援は遅れていると感じるところであるが、町教育委員会としての見解は。
⑤医療的ケア児等については、一般に広く理解されておらず、その家族の大変さは筆舌に尽くしがたいものと聞く。医療的ケア児等の家族に対する支援のあり方、加えて一般への理解・啓発も必要であると考えるが、その見解は。

**自然環境の保全活動をどうしていくのか**

菅首相は十月の所信表明演説の中で、「地球温暖化対策として二〇五〇年までに温室効果ガスの排出を全体としてゼロにする」と話し、脱炭素社会の実現を目指すと宣言した。

本町では、昨年の請願を受けて今年の九月に「気候非常事態」を宣言している。

この異常気候は、もちろん日本だけではなく世界各地にその影響を及ぼしているし、昨今の台風の異常発生や洪水などを引き起こす温暖化は私たちの想像をはるかに超えるものとなっている。その原因は、私たち人間の経済発展や生活の利便性を追求し過ぎたために、石炭や石油などから作られるエネルギーの大量消費によって二酸化炭素などの温室効果ガスを大量に出すことにより、地球の温暖化をもたらしてきているところにある。

本町としては「気候非常事態宣言」を出していて、今後さらなる自然環境の保全に取り組み、町民一人一人からその活動を全世界に広めていって欲しいところから、以下伺う。

①町気候非常事態宣言の中で、再生可能エネルギーの普及拡大に努めるとあるが、目標をどのように持っているのか。また、自然環境の保全にも努めるともあるが、具体的な目標を持って取り組む必要があるのではないか。

②公共施設のエアコンの設定温度、ウォームビズ、クールビズ、ＯＡ機器の電源のオンオフ、アイドリングストップなどの小さなエネルギーの節約の徹底をすべきと考えるが、その現状は。

③町としての温室効果ガスの削減目標をどう掲げて、具体的にどのような計画で進めて

いくのか。例えば、電気やガスなどのエネルギーを現在どれだけ使用していて、どれだけの削減を目指しているのか。具体的に数字を設定してチェックしていく方法ができないのか。

④町民に対して節電などによる脱炭素生活の推進を図っていくことで、地球温暖化に一人一人から取り組むことを強くアピールしていく必要があると思う。それをいつも町広報紙やホームページ、やはラヂ！でＰＲしていくと言われるが、それだけではＰＲ力が弱いと感じるが、その見解は。

⑤町では「人と自然にやさしい環境基本条例」を制定している。この中で、審議会というものを組織しているが、現在のこの審議会の活動状況は。

⑥現在の子どもたちは、あまりにも便利になりすぎてそれが当たり前になってきている。町内の学校では、環境保全などがなぜ必要であるかということを、どのように教育の中で学び、実践しているのか。

子どもたちのいじめ、自殺、不登校、虐待などをなくするために

平成二十七年七月五日に町内で起こった悲しい出来事以来、このことは絶対に忘れてはいけないという思いとは裏腹に徐々に風化しているという現実を感じる。しかし、町

として学校として教育委員会として、あの出来事以来、様々ないじめ防止策を講じてきている。

先日、全国のいじめに関する調査結果が出されていたが、その認知件数は大変な伸びを見せている。町内の学校でも、その伸びは顕著であろうと思う。これは見逃しゼロにすることが重要であるという考えから、その数よりもいかにいじめを発見して、なくするかということを問題にしているからとのことであった。

そこで、そのいじめをなくする方策について、現在どのような取り組みをしていて、今後どういじめに向き合いつづけていくつもりなのか。

また、いじめだけではなく、自殺、不登校、虐待などをなくするために、子どもを取り巻く環境を改善していく取り組みを推進していく観点から、以下伺う。

①いじめについて、町民全体で考えていく機会をもっと作っていく必要があると考えるが、その見解は。

②いじめに対するアンケートの実施は現在までどのように行ってきているのか。その中で、ここ最近の傾向についての見解は。

③命を守る教育を現在どのように行っているのか。その現状は。

④現在いる教職員や保護者・児童生徒たちに平成二十七年の出来事からどのように命の

大切さを伝え、その後のいじめ防止策を講じているのか。
⑤不登校に対する支援をどう行っているのか。
⑥児童虐待に対する防止策をどう行っているのか。

エッセンシャルワーカーへの支援の取り組みについて

エッセンシャルワーカーとは、人々が日常生活を送るために欠かせない仕事を持っている人のことである。新型コロナウイルス感染症によって、世界中で外出自粛やロックダウンが相次いでいるし、日本でもまだ収束の気配が見えない。エッセンシャルワーカは、緊急事態下においても簡単にストップすることのできない仕事に従事する人々に対し、感謝や尊敬の念を込めた呼称として使われるようになった。

その中でも、医療や福祉の分野では、医師や看護師、介護士などが人々の生命や健康の維持に日々努めてくれている。しかし、まだこういう方々への偏見であったり、苦労が絶えないところから、本町としての支援の取り組みを伺う。

①医療・介護・福祉関係の人材育成をどう図っていくのか。
②医療・介護・福祉関係の労働環境や待遇の改善にどう取り組んでいるのか。
③エッセンシャルワーカーに対する今後の具体的支援はどうするのか。

④エッセンシャルワーカーを支えるために社会的理解を促進する仕組み作りが必要であると考えるが、教育の中ではどのように教えているのか。
⑤エッセンシャルワーカーを含めた各機関との必要な連携をどう構築しているのか。

令和二（二〇二〇）年の主な出来事
・ＷＨＯがパンデミック宣言。
・新型コロナウイルス感染症拡大で緊急事態宣言。
・東京五輪・パラリンピックが一年延期。
・安倍元首相辞任、菅義偉新首相誕生で新内閣発足。
・米大統領選、バイデンが当選。
・核兵器禁止条約を発効へ。

# 令和三（二〇二一）年

## 定例会三月会議

### コロナ後を見据えた町のビジョンは

新型コロナウイルス感染症は、昨年から世界中に多大な影響を与えている。だが、いよいよ今年からワクチン接種も始まり、徐々に収束に向かうことを切に願っている。

それでも、コロナがもたらす状況は少なからず今後影響が残ることも予想され、元のような生活が戻ることはないかもしれない。

これからはウィズコロナといわれるように、新型コロナウイルスと共存していかなければならない状況が続いていくことが考えられる。

そこで、これからのコロナ後を見据えた町のビジョン等について、以下伺う。

①コロナの影響による総合計画や他計画の今後の見直しを考えていく必要があるのではないか。必要があるとすれば、どのような形で見直すのか。

②コロナによる財政への影響は、来年度以降行おうとしていた事業の削減や見直しをし

ていく必要がなかったのか。

③コロナの影響による生活様式の変化はどのようなことが考えられ、それをどう学校で児童・生徒など子どもたちや町全体に周知・定着させていくつもりなのか。

## 広聴広報のあり方等

広聴とは、広く人々の意見や要望などを聴くことであり、町として住民のニーズを把握する重要なものである。広報とは、広く人々に知らせることであり、さまざまな施策や計画について説明し、理解と協力を得るためのものである。広聴と広報はどちらも欠かすことのできない町民と町の架け橋となる業務である。

現在本町では、その広聴広報について各種の媒体などを利用し、その業務を行ってきている。中でも、インターネットを活用した媒体は急速にその活用が加速している状況であり、今後は必須になるように感じられる。

そこで、ネットの活用も含めた広聴広報の町としての考え方や今後の展望等について、以下伺う。

①現在本町が行っている広聴広報業務は、どのような考えのもと行われていて、どこが強みであり、どこが弱みであると捉えているのか。

②このコロナ禍での広聴について、住民との懇談など意見聴取をどう行っているのか。
③先日ある説明会に参加したが、あまりに参加者が少ないことに愕然とした。このような説明会等の参加者の少なさは何が要因であると考えているのか。それをどのように解決しようとしているのか。
④今後の広聴広報について、どのような形でインターネットなどの活用を進めていくつもりなのか。

## 芸術の効用・芸術振興とまちづくり

人間の文化的営みのうち、生活上の実利よりもむしろ美や趣きといった内的価値によって、人の心を動かしてきた諸分野（美術、音楽、文芸、演劇、舞踊など）を、通常芸術と呼んでいる。

本町では、音楽のまちを宣言しており、音楽振興に力を入れているところである。ただ、音楽が得意でない方もいるし、音楽だけが芸術ではない。ほかの芸術などで力を発揮している方もたくさんいて、そういう方たちのことも町として応援していくべきである。

芸術は、人の心の栄養になるものであり、ＱＯＬの向上にも役立つものであると考えられているところから、芸術の効用・芸術振興とまちづくりについて、以下伺う。
①音楽のまちを宣言したことによる効果はどのようにあったのか。また、これからの施策の方向性をどう持っているのか。
②芸術を主に担当する部署が教育委員会から町長部局に移ったことで、どのような効果があったのか。また、反省点はなかったか。
③町内で芸術活動をされている方々への支援はどのように行われているのか。
④児童・生徒などが芸術家を志した場合の育成に対して、学校などはどのようにかかわってきているのか。

## 男女共同参画社会の実現、ＬＧＢＴＱの理解への推進

男女共同参画社会とは、平成十一年に施行された男女共同参画社会基本法の第二条において、「男女が、社会の対等な構成員として、自らの意思によって社会のあらゆる分野における活動に参画する機会が確保され、もって男女が均等に政治的、経済的、社会的及び文化的利益を享受することができ、かつ、共に責任を担うべき社会」となっている。

また、ＬＧＢＴＱとは、セクシャル・マイノリティーのことであり、いわゆる性的少

数者のことである。

この男女共同参画社会の実現とＬＧＢＴＱの理解への推進を進めることは、今本町でも盛んに話題としているＳＤＧｓのスローガンである「誰一人取り残さない」ことにつながるものでもあるし、十七の目標のうちの一つ「ジェンダー平等を実現しよう」にも入れられている。

そこで、本町の男女共同参画社会の実現の推進状況とＬＧＢＴＱの理解の推進状況等について、以下伺う。
①本町のＳＯＧＩ《ソジ》ハラ対策（ＳＯＧＩの、ＳＯとはセクシュアルオリエンテーション（性的指向）のことで、好きになる相手の性を指す。ＧＩとはジェンダーアイデンティティで、自分自身を男性と認識するのか女性と認識するのか、あるいはどちらとはっきり決められない、どちらでもないなども含むもので、いわゆる「心の性」と呼ばれている。このＳＯＧＩへのハラスメント対策）はどのようになっているのか。
②同性パートナーシップ証明制度を導入している自治体が増えてきている。この制度を導入することによって、その自治体が性的マイノリティ当事者にとって暮らしやすい地域かどうかの試金石にもなるものである。
このような制度を導入して、本町のジェンダー平等を表明していくべきであると考え

るがいかがか。

③教育の中で、男女共同参画社会とLGBTQをどう扱っていて、現在の児童・生徒の理解度はどのようになっているのか。また、今後の理解に必要なことは何だと考えるか。

## 定例会六月会議

特別調整等が必要な方への支援

特別調整とは、刑務所や少年院に入っている者のうち、帰る場所がなく、かつ高齢や障がいといった問題を抱える者について、退所後に福祉的支援を受けることができるよう、各調整機関が連携して特別な手続きにより社会復帰のための調整を行い、その再犯を防ごうとするものである。

二〇二〇年版犯罪白書によると、二〇一九年の一般刑法犯のうち六十五歳以上の高齢者は四万二千四百六十三人。全体の二二％を占め、割合は年々高まっている。

高齢及び障がいのある容疑者等に対する釈放前からの支援は重要であるという認識のもと、以下について伺う。

①地域共生社会の形成のため特別調整等の支援は、孤独・孤立対策の一環ともなることから、本町の支援の考えは。

②特別調整を必要とされる方、または同等の支援が必要とされる方の把握や相談体制などはどのようになっているのか。

③特別調整を必要とされる方への支援の方法、各調整機関との連携体制はどのように取られているのか。

## DX（デジタル・トランスフォーメーション）の推進

町長の令和三年度の施政方針で示された重点的に取り込む項目として、デジタル化の推進を挙げており、新たに担当部署を設けて取り組んでいるところである。

国においては、経済産業省で研究会を設置し報告書をまとめている。その報告書ではDXを実現していく上でアプローチや必要なアクションについての認識の共有性が図られるようにとの指摘がなされている。また、九月からはデジタル庁を創設し、組織の縦割りを排し、国全体のデジタル化を主導するとのことである。

本町では、DXに関連するスーパーシティ型国家戦略特別区域の指定に関する公募に対して、「ヘルスケア・医療分野を中心として、病気にならず人生百年時代を健幸に暮らすフューチャーデザインタウンを目指す」とする提案をしている。
以下、ＤＸに関連することについて伺う。
①町内Ｗｉ‐Ｆｉネットワーク網の構築の進捗状況と、町民への説明は。
②現在、ＤＸで成果を上げている企業は世界でもわずか五％とされている。そうした現状の中で、ＤＸ化には課題もある。その課題をどう捉えて、解決していこうとしているのか。
③ＤＸ化の課題の一つであるＩＴ人材の不足に対応するために、今何が必要と考えているのか。
④ＤＸに対する町民の理解をどのように求めていくつもりなのか。
⑤ＧＩＧＡスクール構想の現時点での取り組み状況は。また、プログラミング教育の状況は。
⑥国体の種目でもあるオンラインゲーム・ｅスポーツの推進に関する考えは。

## 公園のあり方

日本の公園は、一九五六年制定の都市公園法をベースとして整備されてきている。
かつて、国では質より量を重視した公園整備が行われてきた。都市公園制定当時の児童公園には滑り台・ブランコ・砂場を設置することが義務付けられてもいた。だが、現在は公園の遊具に関しては老朽化が日立ち、撤去されているところが多い。さらに、時代の移り変わりにより公園のあり方も変わってきているところであることから、本町の公園整備について、以下伺う。

①本町の公園整備に関して町民の求めているものをどのように捉え、どのように町民と話し合われてきているのか。

②南矢幅にある南公園は、近隣住民からはその利用を疑問視する声が出されていて、町からは納得できる回答が得られていないとしている。南公園の今後について近隣住民にしっかり納得してもらえるように説明をしていくべきではないのか。

③公園の管理などは、その地域に任せられていることが多いが、雑草の除去については除草剤を使用しているところがあるようだが、町としては把握しているのか。また、除草剤を使用している場合の安全性についての確保はどうなっているのか

④旧矢巾中学校敷地利用基本方針検討委員会において、当時の企画財政課長は、広場を使った公園的なもので遊歩道の設置等のレベルであればイニシャルコスト一億円、ランニングコスト三百万円と発言されているが、その根拠の詳細を示されたい。

## 困難を抱える若い世代の方々への支援

乳幼児や児童、高齢者や障がい者が社会的に支援や福祉サービスの対象となることは、誰もが理解するところである。しかし、本来であればこれから国の社会保障や社会福祉制度を支えるために働いてもらわなければならない若い世代で、働かず、働けず、家に引きこもってしまっている場合がある。そういう方々に対して「あえて税金を使ってまで行政が自立の支援をするのはおかしい」と言う方もいる。

町としては、困難を抱えている若い世代の方々への支援の必要性について、さまざまな考え方や意見を持っている方たちに対して、丁寧に説明してコンセンサスを得て、できれば協力してもらえる環境を作る必要があるように考えるところから、以下伺う。

①さまざまな困難を抱えた若い世代に対する支援の前提として、その状況を分析して把握することがまず必要である。そこで、町内の若い世代の方々の抱える困難の状況をどのように把握し、その方たちへの支援に結びつけているのか。

②不登校や引きこもりの若者に対する自立のための支援をどう行ってきているのか。

③困難を抱える若い世代の方々への相談支援には、きめ細かな支援が必要であり、社会参加に向けて親身になって困難に対して、寄り添いながら伴走する相談員の存在が欠かせないと思うが、人手不足がいわれている中、そういう存在の育成・確保をどのよ

うに考えているのか。

## 定例会九月会議

### 新型コロナウイルス対応

新型コロナウイルスによる社会の激変は、皆さんが感じていることであろうと思う。しかし、今でもこのウイルスの脅威は収まりを見せるどころか、さらにデルタ株などの出現により感染の広がりを見せている状況にある。誰がこのようになることを予測していただろうか。

国の対策は後手後手に回り結局は何もできずにいる現状がある。一方、ワクチン接種は徐々に進んできてはいるが、まだ全体に行き渡るには時間がかかりそうだし、何よりもワクチンをうったからといって感染しないというわけでもなく、まだしばらくは従来の予防策としてマスクの着用や3密を避けるなどの予防策は取っていく必要がある。

また、コロナによる経済の冷え込みも一段と厳しい状況になってきている。そこで、町としてはこの現状をどのように感じ、今後さらにどのような施策をうっていくのか。国に対してもっともっと支援などをしてもらうように強く訴えていく必要があるのではないか。
そのような観点から以下、新型コロナウイルス対応について伺う。
①町として、コロナ対策について国への要望などはどのように訴えているのか。
②コロナ患者に対する支援をどう行っているのか。
③正しい感染予防対策については、どのように周知しているのか。
④今後のさらなる飲食店事業者等への支援をどう考えているのか。
⑤児童・生徒に対する予防策は。また、その保護者に対する支援策は。

農業の未来

矢巾町農林業ビジョンによると、本町農林行政の最大の使命は、いかなる時代でも安全・高品質・多種多様な農畜産物を安定的に供給できる環境を守り、防災水源の涵養・自然環境の保全、保健休養・教育の提供等の多面的機能を有する農業・農村及び森林・山村を守ることであるし、このような使命を踏まえ、現状の課題を二〇四〇年におけるあるべき姿を描き両者のギャップを埋めるために本町等が行うべき施策を取りまとめたものが、矢巾町農林業ビジョンであり、これらを未来の町民にまで引き継ぐことを目的とするとなっている。

そこで、以下伺う。

①耕作放棄地とは、農林業センサスによると、以前耕作していた土地で過去一年以上作付けせず、この数年の間に再び作付けをする考えのない土地とされている。平成三十年八月時点では耕作放棄地は町内全農地の一％となっていて、加えて潜在的耕作放棄地を含めると二〇四〇年までに一％に抑えるのは困難であると思われるが、現在の耕作放棄地及び潜在的耕作放棄地の面積と将来の見込みは。

②農地の活用推進について、二〇四〇年においては、農業経営への農地集積率を九割以上とするとビジョンではなっているが、現在の集積率と今後の見通しは。

③持続可能な農業経営体の育成については、ビジョンによると、本町の農業経営体は専業農家として生計を立てるだけの十分な収益を安定して得ることができ、後継者がいる又は確保できる者が望ましいとある。どうすれば専業として収益を安定させられ後継者も育成できると考えているのか。

④小中学校に対する農業と食の教育をどう行い、それをどのように後継者に育てていけると考えているのか。

## ハラスメント防止対策

ハラスメントとは、嫌がらせやいじめのことで、その種類は様々だが、他者に対する発言・行動等が本人の意図には関係なく、相手を不快にさせたり尊厳を傷つけたり、不利益を与えたり脅威を与えることである。

令和元年度の総合労働相談件数を見ると、いじめ・嫌がらせの占める割合が全体の約四六％に及んでいるとされている。

また、世界では仕事上のハラスメントを全面的に禁じた国際労働機関（ＩＬＯ）の条約が発効されている。だが、日本は国内法の整備が追い付いていないことから批准を果たせていない。

そこで、本町のハラスメント防止対策について以下伺う。

①ハラスメントの状況等はどのようになっているのか。
②ハラスメントに関する研修・相談体制はどうなっているのか。
③ほかハラスメント対策をどのように行っているのか。
④介護現場でのハラスメントの現況とその対策は。
⑤教育現場でのハラスメントの現況とその対策は。

## 生活習慣病の予防対策

生活習慣病とは、食事や運動・喫煙・飲酒・ストレスなどの生活習慣が深く関与し、発症の要因となる疾患の総称である。以前は成人病と呼ばれていて、成人でなくても発症することから、一九九六年から「生活習慣病」と改称することとなった。

日本人の三大死因であるがん・脳血管疾患・心疾患、さらに脳血管疾患や心疾患の危険因子となる動脈硬化症・糖尿病・高血圧・脂質異常症などはいずれも生活習慣病だとされている。さらに、医療費にも大きな影響を与えているのが、生活習慣病である。

そこで、生活習慣病の予防対策について、以下伺う。

①生活習慣病の原因ともなるメタボリックシンドロームの改善策は。

②さらなる特定健診の受診率の向上策は。

③生活習慣病は、ストレスと密接な関係があるといわれていて、現在は特にコロナ禍での環境の変化が大きく影響されていると考えられる。このストレス解消策をどのように考え、解消しようとしているのか。

## STEAM教育

STEAM教育とは、Science（科学）、Technology（技術）、Engineering（工学）、

Mathematics（数学）を統合的に学習するＳＴＥＭ教育に、さらにArts（リベラル・アーツ）を統合する教育手法である。

ＳＴＥＡＭ教育では、児童生徒の数学的、科学的な基礎を育成しながら、子どもたちが批判的に考え、技術や工学を応用して、想像的なアプローチで現実社会に存在する問題に取り組むように指導する。その中でＳＴＥＭは収束思考に陥りがちだが、それにArtsを加えることで拡散思考が加わり創造的な発想が生まれるとされている。

このＳＴＥＡＭ教育は、他人任せではなく自らが考えて答えを導き出そうとする姿勢が生み出され、最終的には幸せで充実した子どもを育てることにつながっていく。

このＳＴＥＡＭ教育の取り組みについて、以下伺う。

①町内でのＳＴＥＡＭ教育の取り組み状況は。
②教育委員会としてのＳＴＥＡＭ教育に対する考え方は。
③ＳＴＥＡＭ教育の課題に教員の不足があるが、ＧＩＧＡスクールを含めた、それに対する教員の養成・育成をどう進めるのか。

## 定例会十二月会議

## 障がいをお持ちの方々等への支援

障がいをお持ちの方々等は、健常者といわれる方々以上に現在生活上の問題などを抱えて日常を暮らしていることが多い。

障がいといっても、身体・知的・精神、それから難病もあるし、これらの障がいを重複してお持ちの方々もいる。

障がいは、いつ誰がなるのか分からない。障がいをお持ちの方々等が暮らしやすい社会は、誰もが暮らしやすい社会につながっていく。しかし、多数の方々が障がいをお持ちの方々等に対する先入観を知らず知らずのうちに持ち、知らず知らずのうちに差別していることもある。

現在、地域共生や誰一人取り残さないなどといわれているが、現実はどうだろう。私はなぜかそれらの言葉が虚しく聞こえてしまう。

そこで、今後障がいをお持ちの方々等に対する真の意味での支援をしていくことが必要であるとの考えから、以下について伺う。
①障がいをお持ちの方々等に対する知らず知らずのうちにしている差別をどう考えて、理解を深め、なくそうとしているのか。
②障がいをお持ちの方々等に対する真の意味での自立とは、どのようになることが理想

と考えているのか。そのための支援をどう考え行っているのか。
③障がいをお持ちの方々等に対する就業支援をどのように考え、行っているのか。
④重度の障がいをお持ちの方々等に対する自立が難しい方々への支援をどう考え、行っているのか。
⑤障がいをお持ちの子どもに対する自立のための支援をどう考え、行っているのか。

## シティプロモーションと特産品の開発・ブランド化

シティプロモーションとは、地方自治体による地域活性化のためのすべての活動を意味する。具体的には、地方自治体による広報活動・営業活動などのことである。

その広報・営業活動の武器となり得るのが、特産品ではなかろうか。特産品については、その開発や普及を目的として委託等において毎年予算を取ってきている。だが、特に特産品に対し、毎年毎年これだけ予算をかけてきても、これといった矢巾町ならではのものが、残念ながら今までかけてきたこの予算に見合うだけの特産品が生まれていないというのが多くの方々の正直な感想のようだ。すなわち、これといった特産品などの有効な武器を持たずに全国の市場に打って出ても、その市場で勝ち抜くことは難しくなってくるのではなかろうか。

シティプロモーションは、地域のブランド化を通してイメージを向上し、移住・定住者などを増やすためのものでもあるが、このシティプロモーションや特産品の開発・ブランド化についても、今後担い手などの人材を含めどのようにして進めていくつもりなのか、以下伺う。

①今後のシティプロモーションのビジョンをどう持って、さらに進めていくつもりなのか。

②特産品の開発・ブランド化について、今後の考え方と進め方は。

③シティプロモーションや特産品開発・ブランド化について、子どもや若者の意見の反映をさらに進めるべきに思うが、いかがか。

④産学官連携による本町の特産を生かした商品開発として、どのようなことを行っているのか。

⑤今までの本町の農産物のブランド化として、販売ルートの確保・拡大をどう図っているのか。

⑥今まで本町の6次化による商品開発したものに何があるのか。そして、今後どのように進めるのか。

⑦シティプロモーションや特産品開発などを進めるための人材をどう養成・育成してき

ているのか。

## オーラルケア等の重要性

オーラルケアとは、虫歯や歯周病などを予防するために口の中を清掃し、清潔な状態を維持することである。

口は全身の入り口であり、その健康は非常に重要である。口は飲食物の入り口でもあるが、ほかにも言語を発する器官でもある喉や舌などを含めて重要な器官でもある。口のトラブルの一つとしての歯周病は脳梗塞・心筋梗塞・誤嚥性肺炎の原因ともなるし、新型コロナウイルス感染症など多くの病気が口を入り口として感染している。しかし、口は全身の健康の入り口でもある。

また、よく歯を磨く人の口腔内でも一〇〇〇～二〇〇〇億個もの菌が存在し、大便一グラムに含まれる菌の数は約一〇〇万個程度といわれており、便よりも口の中のほうが圧倒的に菌が多いとされている。

それらのことから、オーラルケアでの口腔機能・環境を整え維持することは、健康増進を図り、ＱＯＬの向上にもつながり、子どもから大人、高齢者まですべての世代の方にとって大変重要である。

そこで、このオーラルケア等の重要性について、以下伺う。
①各世代に対する口の健康維持のための予防意識の向上にどのように取り組んでいるのか。
②歯の健康については、特に日常のケア、歯科医院での定期検診などが重要になってくるが、これらをどのように町民に対して意識化して、実践しているのか。
③町民の歯周病の現状、歯周病が引き起こす疾病に対する考えと、その対策は。
④障害をお持ちの方々等や要介護者に対するオーラルケアの現状と、その対策は。

**令和三（二〇二一）年の主な出来事**

・大谷翔平、メジャーMVPに。
・東京五輪、日本史上最多のメダル数。
・新型コロナワクチン接種開始。
・岸田文雄が新首相に。
・福島第一原子力発電所「処理水」の海洋放出決定。
・わいせつ教員対策新法が成立。

## 令和四（二〇二二）年

### 定例会三月会議

ハラスメントについて

国際労働機関（ＩＬＯ）は、二〇一九年六月、職場でのハラスメントを禁止する条約と勧告を採択いたしました。また二〇二〇年六月には日本においてパワハラ防止法が施行されており、二〇二二年には今まで努力義務とされていた中小企業主へのパワーハラスメント防止措置が義務化となります。

そこで、以下伺います。

①ハラスメントの庁内における実態は。
②町長としてのパワーハラスメントの認識は。
③庁内のハラスメント被害に対する相談体制は。
④町職員等に対するハラスメント防止等に関する規程は。

## 新型コロナウイルス感染症対策

新型コロナウイルス感染症はオミクロン株による感染が全国的に広がり、いく分の収まりを見せてはいるがいまだ第6波の渦中にある。この感染症は岩手県内においては急増しており、すでに八割近くがオミクロン株に置き換わっているといわれていて、これまでにない感染爆発を警戒すべき状況となっている。この感染症の影響は長期化しており、これからもこの影響を考え感染対策の徹底はもちろんのこと、医療体制の確保であったり、経済対策などのバランスを取りながらの町政運営が求められるところである。本町としてはできること、しなければならないことをどう考えてこの新型コロナウイルス感染症対策をしていくのか、以下伺う。

①新型コロナウイルス感染症の町関係機関や行事への影響の状況とその対策は。

②変異株といわれるオミクロン株には従来の株よりも感染力の強さがデルタ株の3倍程度といわれている。その点を町として、どう町民に周知し対応しているのか。

③オミクロン株は今までの感染例を見ると、デルタ株では五日程度であった感染までの期間がオミクロン株では三日程度と言われているが、この短い潜伏期間をどう町としてとらえ、対応しているのか。

④新型コロナウイルスの三回目の接種が始まっているが、ブレークスルー感染を予防す

る意味からも、多くの方々に三回目の早期接種が望まれる。現在の接種状況、接種時の副反応を心配する方の声があるが、町としてどう対応しているのか。

⑤新型コロナウイルス感染症の子どもへの感染の広がりが見られているが、子どもたちへの影響は。

## 町民の声をどう聴き、どう対応・活用するのか

現在は、特に自治体の保有する行政情報の提供と住民の意見や要望を反映した政策形成が求められてきている。これは行政と住民とのコミュニケーションの活性化と情報共有の要請があってのことであると思われる。

地方行政においては、参加・協働の理念のもと民意を政策に反映させる仕組みが少しずつ整備されつつあるが、まだ行政と住民との間にそのズレがあり、十分な情報循環が実現しているとはいえない。

そこで、さらに住民参加、住民の納得、住民の満足という視点から行政サービスを改めて見ていく必要性があると考えるところから、以下伺う。

①多様性・多義性を持つ住民の声をどのように聴取しているのか。

②町民の声を政策形成や行政評価に活用すべきと考えるがその所感は。また、そのため

に住民意識調査などを行う必要性をどう考えるか。
③町民から集めたその声をデータマイニングなどの手法を用いて分析し、活用すべきと考えるが、その所感は。

## 投票率向上の取り組みは

昨今の本町の選挙の投票率は五〇～六〇％程度で推移している状況にある。都市部では三〇～四〇％のところもあるようだ。

選挙は、民主主義の根幹であり、多くの有権者の意志が反映されるべきであるが、この低投票率は非常に憂慮されるところである。この民主主義の基盤でもある選挙が公正に行われる必要があるのはもちろんのこと、有権者一人ひとりが政治や選挙に十分に関心を持ち、自ら進んで一票を投票していく必要がある。そのためには、公職選挙法にもあるように、常にあらゆる機会を通じて選挙人の政治常識の向上に選挙管理委員会は努めなければなりません。

そこで、以下伺う。
①本町の投票率の推移状況を踏まえて、どのように認識しているのか。
②小中学生への常時啓発活動・主権者教育により、将来の有権者に対する意識の醸成の

向上にどう取り組んでいるのか。

③投票所への移動が困難な方などに対する支援を進めるべきではないか。また、移動投票所の導入の考えは。

## ＳＤＧｓの推進を

最近になってＳＤＧｓについて、至る所でさまざまな取り組みが行われている。本町でも「子ども議会　ＳＤＧｓ取組宣言」が行われたり、「矢巾町役場ＳＤＧｓアクションプラン」が策定されているなどしている。

ＳＤＧｓでは、「誰一人取り残さない」という基本理念のもと世界中でその取り組みを進めていく必要がある。だが、まだその理解が誰一人取り残さないというところまで浸透していってはいないと感じるところもある。誰一人取り残さないためには、さらなるその取り組みを理解促進させ浸透させることにより、その目標の達成に近づくことが期待される。

それには、行政だけではなく民間も含めた全員でその取り組みを進めていくために、いま私たちにできることとは何かを考える必要がある。

ＳＤＧｓは、さまざまなジャンルがあり、ほとんどが網羅されているように感じ、どういうことをしていけばいいのか明確な方法が分からない方も多いのではないかと思われるところから、以下伺う。

①ＳＤＧｓについては、そのテーマが壮大であり、理想を掲げただけで終わってしまうおそれがあるように感じるところがあるが、本町としてはその認識をどう持って推進していく考えか。

②世間でＳＤＧｓが広まっていく中、流行に乗る感覚で取り組むのではなく、しっかりと個々に問題意識を持って取り組む必要性があると考えるが、その所感は。

③ＳＤＧｓで重要だと思われるのは、未来への投資であり、長期目標で取り組みを計画する必要があると思うが、その所感は。

## 定例会六月会議

### 役場職員の働き方等

役場職員の業務内容は大変多岐にわたっていて、なおかつ細分化された上でその業務量も膨大になってきているように感じる。このような業務量をこなされている職員は大変優秀な方々であると思う。

一方、諸外国の公務員の話として、ある国では役人にネクタイピンをプレゼントすると、突然扱いがよくなったとか、そういう話を聞いたことがある。

このように、世界レベルで見ると、日本の公務員ほどまじめに働いている人たちはいないということであり、ほとんどの職員は住民サービスという仕事に誇りややり甲斐を持っていると思う。

二〇〇〇年四月の地方分権一括法により、国と県と市町村は横並びの関係となり、国からの指示で市町村が動くのではなく、それぞれが自主的に政策を打てるようになった。そうなって住民に最も近いところにいる市町村の職員の役割は大変重要になってきている。従って、この町が発展していくか衰退していくかは、職員がいかに知恵を出していくかにかかっていると言っても過言ではないことから、以下役場職員の働き方等について伺う。

①町職員の人事評価制度の導入状況、能力評価と業務評価の仕方などの課題はないか。
②町職員の働き方として、テレワークやオンライン業務の状況は。
③紙からデジタル化への移行状況は。
④町職員のフレックス制、残業の許可制の導入の考えは。

いじめと自死の根絶

今から約七年前の二〇一五年七月、本町の中学生が自死する大変悲しい出来事について、本町では二度とこのようなことを起こすことのないように、なお一層のいじめをなくす取り組みを行っているはずだ。

このことから、決して七年前の出来事を風化させることなく、しっかりと皆が胸にとどめ二度と間違っても尊い命をなくすことのないようにしなくてはなりません。そのための取り組みを再検証するなど、改めて学校だけではなく、家庭でも、職場でも、どんな場所でもいじめや嫌がらせと、そして自死することがない取り組みを周知・徹底すべきであるとの考えのもと、以下伺う。

①町内小中学校のいじめ件数やアンケート調査の内容などについて、どう捉えいじめをなくす努力をしているのか。

②インターネットでのいじめの動向とその対策は。

③役場内職員等のいじめ・嫌がらせなどの未然防止対策は。

④役場内職員等のいじめ・嫌がらせなどを受けた場合の相談体制やアフターケアをどのように行っているのか。

## 消費者被害の防止対策

近年、オレオレ詐欺をはじめ悪質商法の手口は複雑化し、毎日新たな悪質商法による被害が報道されるなどしている。また、その悪徳商法は実に巧妙になってきていて、自分は大丈夫と思っていても被害に遭ってしまうこともあり得る。特に高齢者や障がい者の方などだまされやすい方も多くなってきている現状がある。

今年の四月からは民法の改正に伴い、成年年齢が満二十歳から満十八歳へと引き下げられた。このことにより、未成年取消権での契約の取り消しを行えないなどでの詐欺などの被害の拡大も危惧される。

町としては、消費者安全確保地域協議会を設置し見守りネットワークの設置ができるようになっている。このことにより過去に消費被害に遭った高齢者などの情報を構成員が共有することで、重点的に見守ることで被害の再発を防ぐことができる。

そして、今後ますます複雑多様化するであろう消費者被害を防止するための取り組みなどを行う必要があることから、以下伺う。

①消費者安全確保地域協議会の連携体制をどのように構築し、地域での見守り活動を充実させているのか。

②消費者被害では被害の未然防止や早期発見が何よりも重要になってくる。そのための

相談窓口へのつなぎ方としては、身近な方々の協力が必要であるが、どのような協力の方法を取っているのか。

③消費者被害防止のために、さまざまな広報媒体による呼びかけなどの情報提供を行うとともに、そのライフステージに合ったさまざまな場を活用した消費者教育が重要であると考えるが、どのように情報提供や消費者教育を行っているのか。

**成年後見制度等について**

成年後見制度は判断能力に問題のある方が不利益を被ることのないように、不十分な判断能力を補うための制度である。この制度の対象者には、知的障がい者、精神障がい者、認知症の方、自閉症の方などがいる。

人は高齢になるに従い身体能力や判断能力が衰えてくる。そのことに従い、今まで当たり前のようにできていたことが難しくなってくるようになる。

人生一〇〇年時代といわれ、高齢化は進む一方であり、それに伴い成年後見制度の対象となる方の増加も見込まれるところである。だが、この制度については対象者の増加に伴う利用者数の伸び悩みがあるように感じる。

そこで、以下伺う。

①本町の地域生活支援事業には、成年後見制度利用支援事業があり、その利用を支援し権利擁護を図るとしているが、どのような支援を行っているのか。

②成年後見制度の課題の一つに挙げられているのが、費用や報酬の問題である。その点をどのように考え、この課題をクリアしていくのか。

③後見人として選任するのは家庭裁判所であり、現状は親族後見人が二割で、あとの八割は弁護士などの専門家が多くなっている。そして、制度の利用を始めると後戻りができなくなり、生活の面に関するサービスについての連携が不十分になるといわれているが、このことをどう考え、連携を図っているのか。

④成年後見制度を不安なく活用できるように、町としてはどう配慮しているのか。

## 定例会九月会議

### 行財政経営の効率化と計画の推進

今年度は第7次矢巾町総合計画後期基本計画の三年目となり、いよいよ第8次総合計画の策定時期も近づいてきている。そのため、PDCAサイクルによるCheck（確認）をし、Act（改善）を行うことで、初めてPlan（計画）に取り掛かることができるのだと思う。

その計画を実現するためには財政の裏付けも、もちろん必要となってくる。だが、財政の硬直化により、計画はするものの実現することができなかった事業もあったのではないか。また、国からの地方分権により、地方自治体における業務が増えてきている現状もあるのではないか。

そのような中、今後新型コロナウイルス感染症の影響、少子高齢化の進行、公共施設の老朽化などにより、財政がますます圧迫されてくることも容易に想像できる。

そこで、現在町としてどのように行財政経営の効率化を図り、どのような目標を掲げ、各種課題に取り組んでいこうと考えているのか所見を以下伺う。

①財政の硬直化の主原因は、増え続ける扶助費などによる固定費の割合が大きくなることが一因としてある。だが、国からの財源移譲は少しずつ進んでいるものの、依然として歳入の伸び悩みが続いている。国においても莫大な借金を抱えながらも、なんとか持ちこたえているようには思う。町としては、今後の国・県からの交付金、税収の見通しをどのように持っているのか。

②行財政の仕組みは、まず難しい、分かりづらいという印象があり、使われる用語に聞きなれない言葉があるなど、ほとんどの町民は理解できない方が多いのではないか。

だが、少しずつ町民の関心も増してはきているものと感じる。

③効率的な行財政経営について、政策目標の実現を図るため臨機応変に事業のスクラップアンドビルドを行い、より効率的な施策の推進に努めると、第7次総合計画後期基本計画にあるが、町としてどのような効率的な行財政経営の運営に取り組み成果を上げているのか。具体例を挙げよ。

④町財政のチェックのためには、情報公開が必須である。しかも、ただ財政を単年度で見るだけでなく、中長期的な視点で見ていくことも大切である。町としては、今後の財政計画をどのように持っているのか。またそれを広く公表していくべきではないのか。

福祉施策の充実

本町の福祉施策は総合計画を要とし、各種計画に枝分かれして町民の福祉の増進に寄与すべく施策を推進しているところである。ただ、国や県の計画や各種計画とリンクする部分はあるにせよ、互いの関係性が判然としづらい部分もあるように感じる。そこで、何事も計画ありきではなく、もっと町民の声を広く集め、本町の福祉施策の在り方を今一度改めて見つめ直す時期にきているのではないか。そして、制度の谷間にあるものなど今まで気づかなかった箇所はないのかもしっかりと再確認していくことも必要に思う。

昨今、重層的支援体制整備がスタートしており、横断的な体制を構築しつつあるようではあるが、重層的支援体制整備事業での各種事業への予算配分が分かりづらくなっているように感じる。

福祉と一言で言ってもその範囲は広く、町民の暮らしに密接に関係してくる大事なものであることは周知のことであろう。それを一つ一つ分解して議論することは大変難しく、私が福祉の現場で見聞きしてきたことを中心にして話をしていきたい。その上で、少しでも町民の役に立てる矢巾町の福祉を考えていただき、改善するところは改善していただき、ここで答えの出ないところは、今後も共にみんなで考えていければという想いで、これから以下伺う。

①今後の福祉的予算の見通しをどう町として持ち、町民の理解を得られるように周知していくのか。

②令和六年度に、第8次総合計画が実施されるのと同時期に矢巾町高齢者福祉計画・第8期介護保険事業計画や第6期矢巾町障がい者プラン・障がい福祉計画、第2期矢巾町障がい児福祉計画の各種計画も実施される予定である。

このように各種計画の策定時期が重なることはあまりないことである。この時期に各計画をより整合性を持たせる策定方法を取ってはどうか。

③各種福祉関係の計画策定について、策定を担う委員に充て職は避け、例えば無作為に割り当てた委員に策定を担ってもらう方法など、町民の生の声を掴めるようにしてほしいと思うが、いかがか。

④計画策定する委員について、特にも若い世代の声を聞く仕組みをより重視すべきではないのか。そこのところの声をどう拾い上げて生かしていくつもりなのか。

⑤福祉を担う人材の確保は喫緊の課題である。この課題をどう町としては考え、取り組んでいこうとしているのか。

⑥将来的に少子高齢化がますます進むことが予想される。認知症なども増えていき若い方は少なくなり、一九六〇年代の胴上げ型社会から、二〇二〇年代は騎馬戦型社会となり、やがて二〇六〇年には一人の高齢者を現役世代一人が支える肩車型社会へと進んでいくことが予想されている。このような課題をどう町としては考え、その課題の解決に向けて取り組んでいこうとしているのか。

⑦将来に備えて、今のうちから地域包括ケアシステムをしっかりと構築していくことは必須であるが、町としてはどう町民に対してこの少子高齢化を乗り越えようと伝えていき、地域包括ケアシステムの必要性を説き、推進を図ろうとしているのか。

## 定例会十二月会議

ACP（アドバンス・ケア・プランニング）

ACP（アドバンス・ケア・プランニング）という言葉を耳にする機会が多くなってきたが、それが何を意味するのかよくわからないという方は少なくないと思う。

その人が大切にしていることや望んでいること、どこでどのような医療・ケアを望むかと自分自身で前もって考え、周囲の信頼する人たちと共有する取り組みをACPという、自らが希望する医療やケアを受けるための大切なプロセスになっている。

政府はACPの愛称を「人生会議」としていて、人生の最終段階における医療・ケアについて考えてもらおうとしている。

そこで、町としてのACPについての考え、その進め方や課題について以下伺う。

①ACPの目標は単に最後の医療の意思確認をするだけではなく、本人とその家族が安心して暮らせるように、現在困っていることや将来の生活や治療についてていねいに相談して支援していくためのものであるが、町としてはどのようなものと捉え、プレフレイルから要介護状態になるまでの支援をしていこうとされているのか。

②町民のＡＣＰの取り組みについての理解とその必要性等の周知の状況は。
③医療や介護などの専門分野におけるＡＣＰの取り組みに対する支援をどのような考えのもと行われているのか。
④今後町民向けの幸せに年を重ね、人生の最後まで自分らしく豊かな人生を過ごすための北上市の「わたしのきぼうノート」のようなものを作成してはどうか。
⑤ＡＣＰの普及やその取り組みの推進の人材養成のためのＡＣＰファシリテーターを設けて、シンポジウムなどの開催をしていってはどうか。
⑥小中学生や次世代を継ぐ若者たちへのＡＣＰの周知は。

## 多様性を尊重するまち

多様性とは、英語でダイバーシティといわれ、ダイバーシティは、互いに非常に異なる多くの人や物の集まりと定義されている。

一方で、社会的な文脈で多様性という場合にはＬＧＢＴＱ＋や障がいを持つ人などのマイノリティの人たちに関することが話題になることが多い。

これまでも社会に存在していたにもかかわらず、多くの人と異なる特徴を持っているために、社会からの十分な理解を得られずに苦しい思いをしてきた人たちに、現在では随分と目が向けられるように感じてはきたが、まだ十分理解が浸透してきているとはいえないことから、以下伺う。

①パートナーシップ制度の導入を早急に進めるべきではないのか。

②耳の不自由な方に対するコミュニケーションの手段である手話を言語であるという認識のもと、手話言語条例を制定すべきではないのか。

③学校教育の中での多様性の学びについてはどのように行われているのか。

④ＬＧＢＴＱ＋の性的少数者の人たちの相談体制はどのようになっているのか。

⑤本町においての多様性を尊重するために何をしているのか。また多様性をより浸透させるために何が必要であり、どのような取り組みを行ってきているのか。

## 町民参加のまちづくり

まちづくりの基本としては、まず情報の共有、それから町民参加、そして協働というものがある。いずれ町民が主体となってまちづくりを考え、検討する必要がある。そして、町の保有する情報は町民に、町民の保有する情報は町が知るということが必要である。また、まちづくりは議会や町当局だけで行うのではなく、その過程には町民が参加し、その主体となったまちづくりが必要であると考える。

町民と町が力を合わせてこそ地域の公共的な課題に対して効果的に取り組むことができる。まちづくりのためには、それぞれ考え方や立場が違うことを理解した上で、力を合わせて協力することで真のまちづくりが行えることになる。

そこで、以下伺う。

①町民主体の町づくりについての町としての考えは。

②町と町民との情報共有として、町から町民への伝達、町民から町への伝達をどのような考えのもと行われ、実践されてきていて、課題をどう持っているのか。

③これからのまちづくりをしていく上で町民の意見を聴いていくことが非常に重要であり、特にも次世代を継ぐ若い人たちの意見を最重要視していくことが必要であると考えるが、町としては若い方の意見をどのように取り入れているのか。また、そこに課題はないのか。

④PDCAサイクルにおいて、Pの部分における町民参加は、その機会が多くあるようには思うが、特にもCのチェックの部分での町民参加が不十分であると考えるがどうか。

⑤PDCAサイクルのDの部分での町民参加の一つとして、ボランティアがあるが、その担い手の高齢化や新しい人材が集まらないなどの課題がある。その点をどう考え解

決していこうとしているのか。

令和四（二〇二二）年の主な出来事

・ロシア、ウクライナ侵攻。
・安倍元首相撃たれ死亡。
・知床観光船　沈没事故。
・北京五輪　冬季最多メダル。
・旧統一教会　政治問題化。
・エリザベス女王死去。

# 令和五（二〇二三）年

## 定例会三月会議

投票率向上を目指す

今年は四月に統一地方選挙が予定されている。だが、最近の選挙は投票率の低下が顕著である。投票率の低下の要因はさまざま考えられるが、選挙の関心が薄らいでいるのは、政治に対する興味が失われている証拠でもある。特にも無投票などは避けなければならない。

本来政治は我々の生活に深いかかわりのあるものであり、選挙は地域の代表者を決める大事なものである。最近の若い世代は政治に無関心であり、そのことによって民主主義が形骸化する可能性すらある。そういう現状を踏まえた上で、どのような対策を行っていこうと考えているのか、以下伺う。

①今までの選挙の投票率についてどう捉え、改善していこうとしているのか。

②投票所に行きたいけれど行けない人のために移動期日前投票所の設営を。

③移動が困難な方への投票所までの移動支援としてタクシーの無料化を。
④投票率アップのための選挙啓発活動についてどのように考え、行っているのか。
⑤学校で主権者教育にどう取り組んでいて、今後どう投票率向上を目指すのか。

## 貧困対策について

厚生労働省の調査によれば、日本の子どもの貧困率は平成二十八年一三・九％さらに一人親家庭の貧困率は五〇・八％と、先進国の中でも最悪の水準だと言われている。さらに親の就労など経済的理由つまり貧困により追い詰められた結果、親が虐待や育児放棄に至るケースも多々あるそうだ。

子どもの貧困問題は、当事者である子どもだけではなく、社会全体に大きな損失を与える。貧困状態で育った子どもは将来納税者にならず社会保障を受ける側になる可能性が高く、そのことによる国の損失は約四十兆円以上になると言われている。これはその子どもたちの責任ではなく、私たち大人みんなの責任ではないのか。このように貧困は決して他人事ではないことから、以下伺う。

①子どもの貧困の問題は連鎖しやすいことにある。それは虐待などにより愛着の形成が不十分であることに原因があると言われているが、町としてはどのような支援をして

いるのか。

②子どもの貧困は子どもといっしょに暮らす大人の所得が低いということによるものである。そのような子どもといっしょに暮らす大人の実態をどう捉えて支援に結び付けようとしているのか。

③新型コロナウイルス感染症や物価高の影響を受けて、家計が急激に悪化した世帯への支援が足りていないのではないか。町としてはその現状をどう受け止めているのか。

## 次世代を継ぐ若者への支援を

少子化の急速な進展や地域の絆の弱まりといった社会状況の変化、核家族や親の就労形態の多様化、安心して遊べる場や体験ふれあいの機会の減少などによって、子ども・若者を取り巻く状況は刻々と変化していて、このコロナ禍においてはますます状況は悪化しているように思う。また、困難を抱える子どもたちや若者たちの悩みは複合的かつ複雑化していて、一つの分野に留まらない総合的な相談・支援体制が求められる。

このような状況から、本町の次世代を継ぐ若者への支援について、以下伺う。

①本町では国の「次世代育成支援対策推進法」に基づき、「子ども・子育て支援事業計画」を策定しているが、計画の定期的な点検・評価をどう行い、計画の見直しは必要

なかったのか。

②次世代を担う若者と世代や立場を超えて語り合う場を設けることは必須であると考えるが、町としての考えは。

③町の情報について小中学校などの若者に伝えていくことは重要であり、町のことをよく知ってもらうことが必要であると考えるが、町の考えとその伝え方をどう行っているのか。

## 認知症でも安心して暮らせるまちづくり

日本人の平均寿命は世界でもトップレベルである。だが、寿命だけ伸びても健康でなければ仕方がない。つまり、健康寿命の延伸こそが問題となる。健康であるためには疾病の予防と早期発見早期治療が大前提としてあるし、長寿になれば認知症になる可能性も高くなってくる。二〇一二年の認知症患者数は四百六十二万人と六十五歳以上の七人に一人となっているが、二〇二五年には約七〇〇万人、五人に一人になると見込まれている。そして、八十五歳では約半数が、九十五歳では約八割の人が認知症になると考えられている。今まさに超高齢化社会を迎えた日本では誰もが認知症となるか、認知症患者にかかわる可能性がある。他人事ではない。

そこで、認知症になったとしても安心して暮らせるまちにすることが最大の課題であることから、以下伺う。

①認知症についての理解をどのように周知しているのか。

②認知症を予防、早期発見早期治療するためにまちとしてはどのようなことを行っているのか。

③矢巾町の認知症支援ネットワーク連絡会ではどのようなことが話し合われ、実践に結び付いているのか。

## 定例会六月会議

### 投票率向上の取り組みは

先頃行われた町議会議員選挙の投票率は四九・八五%と五〇%を切り、前回の五四・六二%をさらに下回る最低の投票率であった。これは有権者の政治離れが顕著に表れた結果である。このことは以前から私が指摘していたことであり、選挙管理委員会としては、新たな対策もしてこなかった結果でもあり、その責任の一端がある。選挙管理委員会としては今回の低投票率をどう受け止め、今後の対策を行っていくのか。以下伺う。

①今回の町議会議員選挙の投票率をどのように受け止め分析を行ったのか。
②今後行われる県知事・県議会議員選挙に対する新たな対策を考えているのか。
③今回の町議会議員選挙の年代別投票率についてどう考え、特にも若年層の投票率をどう上げていくつもりなのか。
④最近の投票率はどこでも特に都市部で低い傾向にあるように感じるが、都市部での投票率向上の取り組みを考える必要があるように思うがどうか。
⑤政治に対する興味を失わせた結果が投票率の低下につながっているように感じるが、さらに政治に興味を持ってもらうために広聴広報の強化をさらに考えていく必要があるように思うがどうか。

## 多様性を尊重するまちづくりを

現代社会において多様性を尊重するまちづくりは非常に重要な課題である。多様な文化や人々の背景を尊重し、包括的なまちづくりをするためには、教育を通じた多様性の理解と尊重の促進が不可欠である。また、まちづくりのプロセスにおいても、住民参加やコミュニティの声を重視していくことが必要である。さらには、雇用や福利厚生の面でも多様性を尊重する取り組みが必要である。そして、公共の場や施設の設計においても、バリアフリーやアクセシビリティを重視することも大切であることから、以下伺う。

①本町における多様性を尊重するまちづくりをしていく上での課題をどう捉えているのか。

②教育を通じた多様性の理解についてはどのように扱われ、多様性の尊重の促進がなされているのか。

③多様性を尊重するまちづくりのプロセスにおいて、住民参加やコミュニティの声をどのように生かしているのか。

④同性同士の婚姻が法的に認められていない日本で、自治体が独自にＬＧＢＴＱカップルに対して、「結婚に相当する関係」とする証明書を発行し、様々なサービスや社会的配慮を受けやすくする「パートナーシップ制度」について、本町では検討が進んでいるようであるが、今後の推進状況は。

⑤本町の心のバリアフリーの状況は。

## 農業の未来と食について

農業の未来は持続可能性と技術革新によって大きく変革されてくることが考えられる。環境負荷を最小限に抑えながらより効率的で生産性の高い方法が求められる。今後は農業技術の進歩により、自動化や人工知能の活用がますます一般的になってくると考えられる。ドローンやロボットが農作業を行い、労働力不足を解消していく必要がある。センサーやモニタリング技術により、土壌の状態や作物の成長をリアルタイムに把握し、最適管理を行うことも可能になってくる。また、持続可能な農業がより重視されるようになってくる。有機農業や循環型農業が一般的になり、農薬や化学肥料の使用を最小限に抑えた栽培が増えることも予想される。

食に関しては、より健康的で多様な食事が重視され、安全で栄養価の高い食品の需要が増えていくことも考えられる。農業と食は食料の公平な分配がより重視されてくることから、以下伺う。

①農業の技術革新についての本町の進め方は。
②有機農業や循環型農業の本町の考えと進め方は。
③農業者の後継者問題をどう考え、取り組みを進めているのか。
④農業と食の関係について等、学校教育の中での食育の考えと取り組み状況は。

DX（デジタル・トランスフォーメーション）の推進

DXは、組織や企業がデジタル技術を活用して業務プロセスやビジネスモデルを革新する取り組みである。そのDXを推進するためには、まずリーダーシップの重要性が挙げられる。リーダーとなるべき者がDXのビジョンを示し、その重要性を組織全体に伝える必要がある。リーダーシップの下で組織のメンバーが変革に向けた意欲や取り組むべき方向性を共有することができる。

それから、組織の文化の変革が不可欠であり、DXを推進するためには従来のやり方に固執するのではなく、イノベーションやリスクの需要、柔軟性を重視する文化を醸成する必要があり、組織自体でDXを支える風土を作り上げていくことが重要であることから、以下伺う。

①テクノロジーの導入やデジタル化への投資は欠かせないが、今後どの程度の費用を見込んで進めるのか。

②組織内外とのコラボレーションがDX推進には必要であると考えるが、どのようにコラボレーションを図っているのか。

③DX推進のためのリーダーシップは誰がどう取り組みを進めているのか。

④チャットGPTの活用の考えは。

⑤GIGAスクール及びプログラミング教育やAIの活用などの学校での現状と今後の取り組みは。

## いじめと自殺のないまちに

行政の役割で特に重要なのは住民の命を守ることである。そして、いじめはその命を脅かす行為であり、決して許されるものではない。それから、心の病は当の本人も家族も辛く、自殺の要因となるものであることから、その予防が大切である。そこで、住民の心にそっと寄り添っていく支援が重要であるところから、以下伺う。

①いじめによる被害は、いじめを受けている時だけでなく、その後も長く続くといわれている。精神病状に留まらず、肥満・心筋梗塞・糖尿病といった体のリスク、社会とのかかわり、就労不安や貧困など経済的な困難にまで及ぶ。この現状をどのように町としては認識しているのか。

②町内学校のいじめ防止対策の現状と今後の対策は。

③町内の自殺の現状をどう捉え、特にもどこに重点を置き自殺防止施策の推進を図っているのか。

④自殺の要因として挙げられるうつ病であるが、この予防が大切であり、早期受診・早期治療が重要である。この予防・早期発見・早期治療について町としてどう考えて進められているのか

⑤精神障がいにも対応した地域包括ケアシステムの構築が重要であると現在特にいわれている。本町としては、現在どのようにこのシステムの構築がなされているのか。

## 定例会九月会議

強度行動障害への支援を

強度行動障害は、個人が感情や行動を制御する困難さを特徴とする精神障害である。この障害では、怒りや攻撃性・挑戦的な行動、それから自傷行為などの問題行動が頻繁に表れる。このことにより、本人や周囲の人々に身体的・感情的・社会的な危害をもたらすことも考えられる。そのため現状では支援事業所の受け入れが困難であったり受け入れ後の不適切な支援により、利用者に対する虐待につながったりする可能性も懸念されるところから、以下伺う。

①強度行動障害の支援の必要な対象者の把握はどのように行っているのか。

②強度行動障害に対する支援について、現在の第6期矢巾町障がい者プラン・障がい福祉計画及び第2期矢巾町障がい児福祉計画にどう盛り込まれているのか。また、次期第7期・第3期の計画にどう盛り込んでいくつもりなのか。

③強度行動障がい者の支援事業所や支援者に対する研修等はどのように行われているのか。
④強度行動障害という障害をどう捉え、大事なことはどんなことで、どんな課題を持っているのか。
⑤強度行動障害の支援の一つとして特性の周囲の理解が挙げられるが、その周知をどう図っているのか。

## 防災対策について

近年は特に日本だけでなく世界で地震・豪雨・台風等の災害が発生し、被害をもたらしている。このような災害は想定外にやってくるし、その災害が激甚化していっているように感じる。そこで災害から身を守るためには事前からの備えが必要であり、住民の生命・財産を守る防災・減災の重要性が一層認識されているところである。

このように災害からの被害を軽減するためには行政による公助はもとより、住民一人ひとりが自ら取り組む自助、それから地域・職場・学校・ボランティアなどが互いに助け合う共助、加えて町では近所の助け合いの近助が大事であるとされている。

これら公助・自助・共助・近助を組み合わせて対策していくことが重要になってくる

ことから町としての防災対策を以下伺う。

①防災について大事なことは、まず行政と住民の防災意識の共有が挙げられるが、町としてはどのようにこの防災意識の共有を図っているのか。

②防災で大事になってくることが、情報の伝達である。災害時には適切な情報の収集と迅速な伝達が必要であり、その情報の収集や伝達の遅れで混乱が起こることがある。これにより適切な避難行動が遅れたり、混乱が生じたりする可能性があることから、町としてはどのように格差のない情報伝達をしていくのか。

③脱炭素に向けた町としての施策はどのような目標を持ち、取り組んでいるのか。

④本町の小中学校の防災教育はどのように行われているのか。

⑤ペットとともに避難できる避難所の開設が求められるが、その考えは。

ウェルビーイングのまちづくり

ウェルビーイングのまちづくりとは、住民の健康と幸福、いわゆる健幸を促進するためにまちを計画設計していくという取り組みである。また、持続可能で魅力的な都市環境を創り出す取り組みでもある。そのためには、まず安全で快適な公共空間を提供する必要があり、公園や緑地・遊び場などの居場所づくりが大切でもある。

地域の幸福については一定の基準を創り出そうという試みがあり、その中の指標にはさまざまなものが示されている。そこで以下伺う。

①令和5年度の施政方針の前段では「人間は生まれながらにして自由・平等であり、幸福を追求する権利を持っている」とあった。この中の「人間は生まれながらにして自由・平等」というのに大変違和感を覚えたが、法の下に平等というのは理解するが、何をもって生まれながらに平等と言い切っているのか、その根拠を示せ。

②幸福の度合いを計る計器は存在しないが、それでも行政としてはある程度住民の幸福度を把握する必要があるように思う。

そこで矢巾町の町民の幸福度はどの程度であり、さらに今後どのように向上させていくつもりなのか。

③次期第8次総合計画に幸福度指標を取り入れる考えは。

④町民の全体的なQOLの向上は町民の幸福につながる重要な取り組みと考える。今後町民のQOLの向上をどう図っていくつもりなのか。

⑤本町のソーシャルキャピタル（社会関係資本）はある程度強いものと考える。今後さらなるこのつながりというものを大事にしていくことが幸福の向上につながると考えるが、その見解は。

## 薬物乱用防止対策について

薬物乱用とは医薬品を本来の医療目的から逸脱した用法・用量あるいは目的のもとに使用することであり、医療目的にない薬物を不正に使用することをいう。もともと医療目的の薬物は治療や検査のために使われるものである。それを遊びや快楽を求めるために使用した場合は、たとえ1回使用しただけでも乱用にあたる。

薬物乱用の最も恐ろしい特徴は何度も繰り返し摂取したくなる依存性を持っていることである。そこから精神依存と身体依存の2つの悪循環により、自力ではなかなかやめる事が出来ず何度も繰り返すことになる。このことにより、薬物乱用は半永久的に続き、治療によって普通の生活に戻ったようでも突然、幻覚・妄想などの精神異常が再燃するフラッシュバック等の後遺症状もあるように薬物依存は大変危険であることから、以下伺う。

①薬物乱用についてどう考え、その実態の把握を行っているのか。

②薬物乱用は当事者個人の問題にとどまるだけでなく、必ず周囲の人々も巻き込み、多くの悲劇を生み出してしまうものである。町としてはどのように薬物乱用防止を呼びかけ、正しい知識の普及を図っているのか。

③薬物乱用は決して他人事ではなく、身近であるものだと思った方がいい。そのことから、その危険性の周知も大切である。特にも若年層の薬物乱用を防ぐ必要があると思うが、小中学生等に対してどのような防止策を町として行っているのか。
④大麻の違法栽培について、どう防止策を図っているのか。
⑤薬物乱用者に対する治療・社会復帰への支援の考え方は。

## 定例会十二月会議

### 矢巾町高齢者福祉計画及び第9期介護保険事業計画等について

矢巾町高齢者福祉計画・第9期介護保険事業計画は本年策定を進めている。これらの計画は老人福祉法・介護保険法に基づき一体的に策定している。計画の期間は3年間であり、来年度は介護報酬の改定もされる予定となっている。

高齢者を取り巻く状況は厳しくなる一方、介護職員特にも訪問介護員の不足が懸念されている。他にも、一人暮らしや高齢者世帯の増加が見込まれるなど各種課題が山積しているように思われる。加えて、第1号被保険者の増加などの問題もあり、介護給付費も増加している。そのような中において、この高齢者福祉計画・第9期介護保険事業計画をどのように策定していくのか等について以下伺う。
①現在の高齢者福祉計画・第8期介護保険事業計画をどのように評価・検証して、次期計画の策定に結び付けているのか。
②上位計画である第8次総合計画との整合性をどのように取っているのか。
③訪問介護員の不足をどう解決しようとしているのか。
④計画の今後のスケジュールは。
⑤次期高齢者福祉計画・第9期介護保険事業計画を策定する上で、特に注意していることはあるか。

## がん対策について

がんや糖尿病・脳梗塞などの病気は生活習慣が要因であるとの考えのもと、生活習慣病と名付けられている。ただ、いくら生活習慣をよくしていようともかかってしまう病気でもある。なかでも、がんについては日本人の二人に一人はかかる病気であるといわれている。まずは、がんにならないこと。なりにくい体をつくること。予防することが重要である。そして、がんになったとしても、早期発見・早期治療によって助かることも多くあるはずである。そこで、がんの予防・検診が大切であることから、がん対策について以下伺う。
①がんにならない体を作るために何が重要であると考え、その推進を図っているのか。
②がん検診率の向上をどう図っているのか。
③がんに関する相談体制はどうなっているのか。
④がんに関する正しい知識を身につけることは重要であると考えるが、そのような情報をどのように周知しているのか。
⑤小中学校教育の中でがんを含めた生活習慣病をどのように扱っているのか。

子ども・子育て支援について

本町の人口は二万七〇〇〇人前後で推移しているが、出生率は伸びずにいる。そんな中、子どもを取り巻く環境も変化し、子ども・子育て支援についても様変わりしていくことが考えられる。各自治体においても子ども・子育て支援事業計画を策定し、事業の推進を図っている。岩手県でも「いわて子どもプラン」を策定しており、本町においても「第2期矢巾町子ども・子育て支援事業計画」を策定している。

子どもは地域の宝である。その宝を導き輝かせるのは大人の役目であり、みんなが連携・協力しながら子どもを健やかに育むことの重要性を共有していくことの必要性から、以下伺う。

①本町の出生率をどう考え、その向上を図っていこうとしているのか。

②子どもの貧困についてどう考え、支援していこうとしているのか。

③子どもの実際の声をどのように支援に結び付けさせているのか。

④本年四月に「子ども基本法」が施行されているが、子どもの権利をどう広めているのか。

⑤本町の子ども・子育てについて、どのような特色があり、重点的に取り組もうと考えていることはあるか。

令和五（二〇二三）年の主な出来事

・新型コロナ「5類」に引き下げ。
・LGBT理解増進法が成立。
・WBC、日本十四年ぶりに優勝。
・生成AI急速に普及。
・イスラエルがガザ侵攻。
・ジャニーズ事務所、性加害認め謝罪。

# おわりに

議員を十三年間続けてきた中で、一般質問は一部の活動であると述べた。それでも、毎回質問を考え、それを組み立て実際の質問にするまでは何度も試行錯誤を繰り返し行う。何時間も何日もかけ質問を考えている。時間をかけたからいい質問ができるとは限らない。だが、時間をかけずに質問に臨んだことはない。いつも全精力を尽くし質問している。そして、私たちの住むまちをより良くするために質問し、各提案をしてきた。日本は民主主義国家であり、議会も多数決が基本にある。それが間違っているとは言わないが、私は必ずしも多数が正しいとは考えない。少数意見が正しいこともあると考えている。大事なことは真実を見極める目を持つことである。私はそう信じて議員活動をしてきたし、今後もそのことを信じて生きていこうと思っている。

最後に、今まで生きて出会った方々に感謝したい。

昆　秀一（こん　しゅういち）

1964年　東京都生まれ　岩手県紫波郡矢巾町在住。

岩手県立盛岡第四高等学校卒業。ＮＰＯ法人を立ち上げ、福祉・介護事業を行う。同時に矢巾町議会議員としても活動をする。その後、ケアマネジャーと障がいをお持ちの方に対する相談支援専門員としても活動をする。

著書「私の声」（2023年 自費出版）

町議会 一般質問五十一
平成二十三（二〇一一）年～令和五（二〇二三）年

2024年7月7日　第1刷発行

著　者　　昆　秀一
発行人　　大杉　剛
発行所　　株式会社 風詠社
〒553-0001 大阪市福島区海老江5-2-2 大拓ビル5 - 7階
Tel 06（6136）8657　https://fueisha.com/
発売元　　株式会社 星雲社（共同出版社・流通責任出版社）
〒112-0005 東京都文京区水道1-3-30
Tel 03（3868）3275
印刷・製本　小野高速印刷株式会社


ISBN978-4-434-34117-5 C3031